TRABALHO EMOCIONAL
E TRABALHO ESTÉTICO
Na Economia dos Serviços

COLECÇÃO ECONÓMICAS – 2ª Série
Coordenação da Fundação Económicas

António Romão (org.), *A Economia Portuguesa – 20 Anos Após a Adesão*, Outubro 2006

Manuel Duarte Laranja, *Uma Nova Política de Inovação em Portugal? A Justificação, o modelo os instrumentos*, Janeiro 2007

Daniel Müller, *Processos Estocásticos e Aplicações*, Março 2007

Rogério Fernandes Ferreira, *A Tributação dos Rendimentos*, Abril 2007

Carlos Alberto Farinha Rodrigues, *Distribuição do Rendimento, Desigualdade e Pobreza: Portugal nos anos 90*, Novembro 2007

João Ferreira do Amaral, António de Almeida Serra e João Estêvão, *Economia do Crescimento*, Julho 2008

Amélia Bastos, Graça Leão Fernandes, José Passos e Maria João Malho, *Um Olhar Sobre a Pobreza Infantil*, Maio 2008

Helena Serra, *Médicos e Poder. Transplantação Hepática e Tecnocracias*, Julho 2008

Susana Santos, *From the System of National Accounts (SNA) to a Social Accounting Matrix (SAM) – Based Model. An Application to Portugal*, Maio 2009

João Ferreira do Amaral, *Economia da Informação e do Conhecimento*, Maio 2009

Fernanda Ilhéu, *Estratégia de Marketing Internacional*, Agosto 2009

Jorge Afonso Garcia e Onofre Alves Simões, *Matemática Actuarial. Vida e Pensões*, Janeiro 2010

Maria Eugénia Mata e Nuno Valério, *The Concise Economic History of Portugal: A Comprehensive Guide*, Fevereiro 2011

António Romão, Manuel Ennes Ferreira, Joaquim Ramos Silva, *Homenagem ao Professor Doutor Adelino Torres*, Dezembro 2010

Tanya Vianna de Araújo, *Introdução à Economia Computacional*, Março 2011

José Passos, Carla Machado, Amélia Bastos (Coord.), *Números com Esperança – Abordagem Estatística da Pobreza Infantil em Portugal*

Daniel Müller, *Probabilidade e Processos Estocásticos: uma abordagem rigorosa com vista aos modelos em Finanças*, Outubro 2011

João Nicolau, *Modelação de Séries Temporais Financeiras*, 2012

Sara Falcão Casaca (coord.), *Mudanças Laborais e Relações de Género – Novos Vetores de (des)igualdade*, 2012

COLECÇÃO ECONÓMICAS – 1ª Série
Coordenação da Fundação Económicas

Vítor Magriço, *Alianças Internacionais das Empresas Portuguesas na Era da Globalização. Uma Análise para o Período 1989-1998*, Agosto 2003

Maria de Lourdes Centeno, *Teoria do Risco na Actividade Seguradora*, Agosto 2003

António Romão, Manuel Brandão Alves e Nuno Valério (orgs.), *Em Directo do ISEG*, Fevereiro 2004

Joaquim Martins Barata, *Elaboração e Avaliação de Projectos*, Abril 2004

Maria Paula Fontoura e Nuno Crespo (orgs.), *O Alargamento da União Europeia. Consequências para a Economia Portuguesa*, Maio 2004

António Romão (org.), *Economia Europeia*, Dezembro 2004

Maria Teresa Medeiros Garcia, *Poupança e Reforma*, Novembro 2005

1ª Série publicada pela CELTA Editora

TRABALHO EMOCIONAL E TRABALHO ESTÉTICO
Na Economia dos Serviços

AUTORA
Sara Falcão Casaca

TRABALHO EMOCIONAL E TRABALHO ESTÉTICO
Na Economia dos Serviços
AUTORA
Sara Falcão Casaca
EDITOR
EDIÇÕES ALMEDINA, S.A.
Rua Fernandes Tomás, nºs 76-80
3000-167 Coimbra
Tel.: 239 851 904 · Fax: 239 851 901
www.almedina.net · editora@almedina.net
DESIGN DE CAPA
FBA.
PRÉ-IMPRESSÃO, IMPRESSÃO E ACABAMENTO
G.C. – GRÁFICA DE COIMBRA, LDA.
Palheira Assafarge, 3001-453 Coimbra
producao@graficadecoimbra.pt
Junho, 2012
DEPÓSITO LEGAL
345670/12

Apesar do cuidado e rigor colocados na elaboração da presente obra, devem os diplomas legais dela constantes ser sempre objeto de confirmação com as publicações oficiais.
Toda a reprodução desta obra, por fotocópia ou outro qualquer processo, sem prévia autorização escrita do Editor, é ilícita e passível de procedimento judicial contra o infrator.

 GRUPOALMEDINA

BIBLIOTECA NACIONAL DE PORTUGAL – CATALOGAÇÃO NA PUBLICAÇÃO

TRABALHO EMOCIONAL E TRABALHO ESTÉTICO

Trabalho emocional e trabalho estético : na economia dos serviços / coord. Sara
Falcão Casaca. – (Colecção económicas)
ISBN 978-972-40-4806-2

I – FERREIRA, Sara Cristina Falcão Gonçalves Casaca

CDU 331
     316

Nota Biográfica

Sara Falcão Casaca é Professora Auxiliar do Instituto Superior de Economia e Gestão, da Universidade Técnica de Lisboa (ISEG-UTL) e Investigadora do Centro de Investigação em Sociologia Económica e das Organizações (SOCIUS). As suas temáticas de investigação e publicações, fundamentalmente no âmbito da Sociologia do Trabalho e Relações de Género, têm incidido sobre a flexibilidade de emprego e de tempos de trabalho, as desigualdades de género na esfera laboral, e a articulação entre a esfera profissional e a vida familiar. É docente externa da Universidade Aberta, com participação no curso de Mestrado em Estudos sobre as Mulheres. Coordenou a *Research Network – Gender Relations in the Labour Market and the Welfare State*, da *European Sociological Association* (ESA), entre 2005 e 2010. Integrou o Grupo de Alto Nível em *Mainstreaming* de Género da União Europeia, o conselho de administração do *European Institute for Gender Equality* (EIGE, Vilnius) e o Conselho Económico e Social (CES), em 2010. Foi Presidente da CIG – Comissão para a Cidadania e Igualdade de Género, em 2010.

Índice

Nota Biográfica V

Listagem de acrónimos e siglas.. XI

Introdução 1

**1. Trabalho emocional e estético nos serviços interpessoais:
a problemática** 7
1.1. Breve enquadramento.. 7
1.2. Das abordagens clássicas sobre as organizações e os princípios de organização do trabalho ao reconhecimento
das emoções: uma breve contextualização 11
1.3. Trabalho emocional e trabalho estético............................ 16
1.3.1. A integração da perspetiva de género......................... 22
1.3.2. Acerca das experiências de trabalho e suas consequências: as interpretações deterministas 30
1.3.3. As leituras não deterministas.................................... 36

2. Trabalho emocional e estético nos serviços interpessoais.......... 45
2.1. Introdução 45
2.2. Nota metodológica sobre o projeto de investigação 47
2.3. Serviços interpessoais e amostra: caracterização.................. 50
2.4. Quando as emoções e o corpo falam: a regulação do
trabalho nos serviços interpessoais.................................... 55
2.4.1. Códigos de estética: a feminilidade faz-se,
refaz-se... e vende-se... 61
2.5. Algumas das condições de trabalho e de emprego: breve
descrição 69
2.6. A expressão de emoções na relação interpessoal: atuação
superficial ou profunda? 76

VIII | Trabalho Emocional e Trabalho Estético: Na Economia dos Serviços

2.7. A ambivalência associada ao trabalho emocional e estético: entre *prazer* e *dor* 76

3. **Trabalho emocional nos serviços interpessoais de rotina: o caso dos** *call centres* 85
  3.1. Introdução 85
  3.2. O formato da investigação e da amostra: breve caracterização 87
  3.3. Quando a voz sorri. Os mecanismos de produção e regulação das emoções.. 91
  3.4. As condições de trabalho e de emprego 96
  3.5. A marca do género: uma organização do trabalho *"gendered"* 99
  3.6. A perceção subjetiva sobre as condições de trabalho e de emprego 103
  3.7. A procura de uma zona de conforto..................................... 105

Conclusão e reflexões finais... 109

Referências bibliográficas... 125

Índice de Quadros e Figuras

QUADRO **1.1** – Modelo de burocracia orientada para o/a consumidor/a... 44

QUADRO **2.1** – Segmentos de atividade do setor dos serviços........... 46

QUADRO **2.2** – Profissões dos serviços interpessoais (amostra=45), segundo o sexo.. 52

QUADRO **2.3** – A regulação das emoções e da estética – depoimentos... 60

QUADRO **2.4** – O trabalho interpessoal como experiência gratificante – depoimentos 77

QUADRO **2.5** – O trabalho interpessoal como experiência tensional – depoimentos 81

QUADRO **2.6** – Estratégias individuais de preservação da dignidade –depoimentos.. 83

Quadro 3.1 – Protocolo de atendimento telefónico 94

Quadro 3.2 – Condições de trabalho e de emprego (*call centres*).... 97

Quadro 3.3 – Condições de trabalho e de emprego em função
do tipo de atendimento... 100

Figura 2.1 – População abrangida pelo IE (INE), total
e dos segmentos selecionados, por sexo.. 51

Figura 2.2 – Manuais de imagem de imagem pessoal
e estilo para homens e mulheres (exemplos)... 58

Figura 2.3 – Fotografia de hospedeiras de evento (congressos)....... 63

Figura 2.4 – Fotografia de hospedeiras de evento (imagem)............ 64

Figura 2.5 – Fotografia de hospedeiras-mascotes (Popota).............. 67

Figura 2.6 – Pessoas entrevistadas que referem que o horário
de trabalho é variável (semanalmente), por grupo profissional
(frequências relativas).. 71

Figura 2.7 – Distribuição do rendimento médio mensal
(amostra total; n=45).. 73

Figura 3.1 – Fotografia de operadora de *call centre* (imagem
usada em publicidade comercial)... 92

Figura 3.2 – Satisfação com as condições de trabalho
e de emprego, por sexo (média)... 104

Listagem de acrónimos e siglas

ACD   Sistema de Distribuição Automática de Chamadas/ Automated Call Distribution System

APS   Associação Portuguesa de Sociologia

APSIOT   Associação de Profissionais em Sociologia Industrial, das Organizações e do Trabalho.

CAP   Certificado de aptidão profissional

CE   Comissão Europeia / EC – European Commission

CES   Centro de Estudos Sociais

CESP   Sindicato dos Trabalhadores do Comércio, Escritórios e Serviços

CIG   Comissão para a Cidadania e a Igualdade de Género

CITE   Comissão para a Igualdade no Trabalho e no Emprego

CNP   Classificação Nacional de Profissões

EC   European Commission / CE – Comissão Europeia

EEE   Estratégia Europeia de Emprego

EMEA   Região da Europa, África e Médio Oriente /*Europe, the Middle East and Africa*

ETT   Empresas de Trabalho Temporário

EU   European Union / UE – União Europeia

EU-LFS   European Union Labour Force Survey

EUROFOUND   European Foundation for the Improvement of Living and Working Conditions / Fundação Europeia para a Melhoria das Condições de Vida e de Trabalho

EUROSTAT   Statistical Office of the European Union

EWCS   European Working Conditions Survey

FCT   Fundação para a Ciência e Tecnologia

FESAHT   Federação dos Sindicatos da Agricultura, Alimentação, Bebidas, Hotelaria e Turismo de Portugal

GRH   Gestão de Recursos Humanos

H   Homens

HM   Homens e Mulheres

IE   Inquérito ao Emprego

ILO   International Labour Office / OIT – Organização Internacional do Trabalho

XII | Trabalho Emocional e Trabalho Estético: Na Economia dos Serviços

INE   Instituto Nacional de Estatística
LFS   Labour Force Survey
LPT   Labour Process Theories
M   Mulheres
MCTES   Ministério da Ciência, da Tecnologia e do Ensino Superior
NFOT   Novas Formas de Organização do Trabalho
OCDE   Organização para a Cooperação e Desenvolvimento Económico / OECD – The Organisation for Economic Co-operation and Development
OIT   Organização Internacional do Trabalho / ILO – International Labour Office
QE   Quociente emocional
QI   Quociente de inteligência
SINDETELCO   Sindicato dos Trabalhadores das Telecomunicações e Audiovisuais
SINDPAB   Sindicato dos Profissionais Penteado Arte e Beleza
SINTTAV   Sindicato Nacional dos Trabalhadores das Telecomunicações e Audiovisuais
SNPVAC   Sindicato Nacional do Pessoal de Voo da Aviação Civil.
SOCIUS   Centro de Investigação em Sociologia Económica e das Organizações
SRAP   Sistema de regulação de acesso a profissões
TIC   Tecnologias de Informação e Comunicação
UE   União Europeia / EU – European Union
UE-15   Conjunto dos 15 países que aderiram à União Europeia antes de 2005: Alemanha, Áustria, Bélgica, Dinamarca, Espanha, Finlândia, França, Grécia, Irlanda, Itália, Luxemburgo, Países-baixos, Portugal, Reino Unido, Suécia.
UE-27   Conjunto dos 27 países que integram presentemente a União Europeia: Alemanha, Áustria, Bélgica, Bulgária, Chipre, Dinamarca, Eslováquia, Eslovénia, Espanha, Estónia, Finlândia, França, Grécia, Hungria, Irlanda, Itália, Luxemburgo, Letónia, Lituânia, Malta, Países-baixos, Polónia, Portugal, Reino Unido, República Checa, Roménia, Suécia.
V.   Veja-se
WHO   World Health Organization / OMS – Organização Mundial da Saúde

Introdução

O presente livro é dedicado ao tema do trabalho *emocional* e *estético* nos serviços interpessoais. Depois da publicação de Arlie Russell Hochschild – *The Managed Heart, Commercialization of Human Feelings* –, em 1983, outros estudos têm sido desenvolvidos sobre a dimensão emocional do trabalho (*emotional labour*) e, mais recentemente, também sobre a componente estética (*aesthetic labour*). No entanto, em Portugal, trata-se de um tópico ainda por explorar e desenvolver no contexto académico e científico. Quando apresentámos a comunicação *O que escondem os sorrisos e a cortesia? – A feminização da precariedade em alguns serviços orientados para a satisfação do/a consumidor/a,* em 2006, não identificámos a existência de outro estudo que discorresse sobre a mesma problemática (Casaca, 2006c). Ainda assim, pelas franjas de proximidade, é de reter a importância da investigação coordenada por Carlos Fortuna sobre as transformações verificadas no plano cultural e no consumo associado à estética, à saúde e ao bem--estar. Ali se dá conta da sobre-exposição da pessoa que presta o serviço, de quem se requer uma total dedicação pessoal que agrade ao/à consumidor/a, da elevada estilização dos ambientes/ espaços de consumo e da teatralização em redor do ato de compra (Fortuna, 2002). Vítor Ferreira, embora não tendo estudado os mesmos grupos profissionais, sublinhou igualmente a importância de serem observadas as novas formas ocupacionais surgidas em setores do mercado de trabalho associados à construção do estilo e à mercantilização do corpo (Ferreira, 2008).

Importa também referir que, em 2011, no quadro da Associação Portuguesa de Sociologia (APS), foi formalmente constituída a secção temática "Sociologia das emoções"[1]. Dois anos antes, em 2009, o mesmo processo teve lugar em relação à secção "Trabalho, organizações e profissões"[2], sugerindo o alargamento do debate protagonizado pela comunidade profissional e científica ligada à APSIOT – Associação de Profissionais em Sociologia Industrial, das Organizações e do Trabalho. Assim, se o presente estudo é inovador no panorama nacional, a instituição destas secções temáticas indicia um enquadramento favorável ao estabelecimento de pontes e ao avanço do conhecimento sobre o tema. Importa reter, porém, que a abordagem teórica e empírica sobre o trabalho emocional e o trabalho estético, além de cruzar aquelas áreas de conhecimento e reflexão, articula-se com outras esferas do saber – como se dá conta no capítulo 1. Neste âmbito, cabe-nos notar a relevância dos contributos teóricos e empíricos da sociologia das relações de género.

A pertinência do tema advém da constatação que o sorriso, a simpatia, a agradabilidade, a expressão corporal e a apresentação de uma aparência física *agradável* – ou mesmo erotizada e sexualmente atraente – são atributos cada vez mais considerados no quadro da "economia das interações". Esta inclui a ampla gama de serviços onde a interação direta (face a face e/ou voz a voz) entre a pessoa trabalhadora e o/a interlocutor/a (cliente) constitui parte integrante do processo de trabalho. No âmbito de uma orientação empresarial centrada na prestação de um "serviço de excelência", a *qualidade* das interações confere relevância à dimensão mais *performativa* do trabalhador e da trabalhadora. São então requeridos à força de trabalho *certos* atributos físicos, traços de personalidade e "qualidades humanas" que indiciem amabilidade, simpatia, deferência, disponibilidade e cortesia, capacidade de expressão verbal

---

[1] http://www.aps.pt/cms/imagens/ficheiros/FCH4e26fcef22a46.pdf (consultado em 3/01/2012).

[2] http://www.aps.pt/cms/imagens/ficheiros/FCH4a4a0a620eade.pdf (consultado em 3/01/2012).

e de sociabilidade. À semelhança de todos os artefactos que integram a estética organizacional, as emoções e a aparência física funcionam como parte integrante, material, da imagem corporativa (*corporate image*) que as empresas pretendem projetar junto de clientes e do público em geral.

O capítulo 1 desenvolve a problematização teórica em torno do tema *trabalho emocional e estético* nos serviços interpessoais. Seguindo a proposta de Hochschild, entendemos por *trabalho emocional* o esforço (*effort*) despendido pelos/as trabalhadores/as na supressão ou manipulação das suas emoções genuínas (privadas) de modo a exibir um estado emocional concordante com as normas prescritas pelas entidades empregadoras. O *trabalho estético* foi recentemente objeto de autonomização do ponto de vista conceptual – na esteira do trabalho desenvolvido por Chris Warhurst, Dennis Nickson, Anne Witz e Anne-Marie Cullen – e compreende a mobilização, o desenvolvimento (modelação estética) e a mercadorização (*commodification*) das disposições corpóreas das/os trabalhadoras/es por parte das empresas ou organizações.

Partindo da observação de segmentos onde as dimensões emocional e estética do trabalho são particularmente relevantes, o capítulo 2 procura retratar a nova configuração destes fenómenos do mundo laboral. São ali analisadas as experiências laborais de pessoas que prestam serviços no domínio dos cuidados de estética e beleza, da promoção do bem-estar físico (atividades de *fitness*), do apoio à imagem individual (serviço de consultoria), que trabalham como tripulantes de cabine (assistentes de bordo), como assistentes de eventos, ou no ramo de hotelaria e restauração. Na maioria dos casos – como ali descrevemos – trata-se de profissões amplamente tipificadas como femininas. Constata-se que o *género* está inscrito tanto nos requisitos subjacentes ao processo de recrutamento e seleção como no desempenho laboral dos/as profissionais em questão. Acresce que as pessoas cuja imagem é avaliada como *desviante* em relação aos códigos vigentes tendem a ser excluídas, em resultado das representações sociais associadas à idade (prevalecendo o ideal de corpo jovem) e às disposições estéticas em geral (pronúncia, expressão verbal e corporal, cor de pele...). Argumenta-se, neste âmbito, que a construção e a gestão do trabalho emocional e estético configuram e reproduzem as estereotipias de género, a divisão sexual do trabalho, além de se apresentarem como vetores de discriminação laboral e de desigualdade social.

O capítulo 3 recai sobre um segmento particular dos *serviços interpessoais de rotina* – os *call centres*. Neste caso, o *trabalho estético* perde centralidade em nome do *trabalho emocional*. Num contexto marcado por uma organização de trabalho neotaylorista, os procedimentos estandardizados, normalizados e rotineiros abrangem também as interações inerentes à prestação do serviço (*service encounters*). Todavia, esta *zona emocional* altamente regulada, disciplinada e controlada coexiste com a recriação de relações e momentos de espontaneidade e genuinidade entre colegas de profissão, evidenciando a procura de uma *zona emocional de conforto*. Destaca-se ainda a marca do género na organização de trabalho: as operadoras encontram-se fundamentalmente no atendimento de primeira linha (*front-office*), onde são requeridos atributos emocionais (capacidade de comunicação, empatia, calma, deferência, resistência a tarefas monótonas e repetitivas...); já a presença de operadores é mais notada no atendimento técnico (*back-office*), onde são fundamentalmente consideradas as "competências técnicas" na procura de resolução de problemas de maior complexidade. Conclui-se que as profissões e as funções exercidas têm incrustadas as representações simbólicas em torno do género – facto que se repercute nas diferenças registadas em termos de condições de trabalho e de emprego.

O estudo que dá forma à presente publicação contou com o apoio da Fundação para a Ciência e Tecnologia (FCT), fundamentalmente através do financiamento do projeto "Mudanças nas relações de emprego e nas relações de género: cruzando quatro eixos de análise (género, classe, idade e etnicidade)" (PTDC/ /SDE/66515/2006). Esta investigação, que coordenei entre 2007 e 2010, reuniu a colaboração de investigadoras e investigadores do Centro de Investigação em Sociologia Económica e das Organizações (SOCIUS, ISEG-UTL) e do CES – Centro de Estudos Sociais (Faculdade de Economia da Universidade de Coimbra). Os contributos dos membros da equipa estão reunidos na publicação *Mudanças Laborais e Relações de Género: Novos Vetores de (Des)igualdade* (Casaca, org., *et al.*, 2012b). A pesquisa sobre o trabalho emocional e estético, em particular, foi desenvolvida no âmbito do SOCIUS. O respetivo aprofundamento decorre, ainda, de um projeto anterior, também financiado pela FCT[3], assim como da investigação inerente ao desenvolvimento da dissertação de doutoramento (Casaca, 2005).

A realidade sobre a qual aqui se reflete encontra-se, portanto, ainda pouco explorada, o que muito nos tem estimulado e desafiado ao longo do percurso de investigação. Todavia, essa dimensão de *novidade* introduz também algumas complexidades, suscitando – mesmo após a conclusão do estudo – várias interrogações, novas pistas de reflexão e de incentivo ao aprofundamento do tema. Esta ambivalência está certamente refletida nos capítulos que se seguem, assim como estará a convicção de que se trata de uma problemática particularmente pertinente à luz das recentes transformações sociolaborais.

Agradeço a colaboração de todos e todas as interlocutoras envolvidas nas várias fases do projeto, reconhecendo muito em particular os contributos de Ilona Kovács (consultora), João Peixoto, Manuel Abrantes, Margarida Chagas Lopes (elementos da equipa) e Tânia Cardoso (bolseira de investigação). Cabe-me manifestar gratidão às mulheres e aos homens que cederam o seu (parco) tempo e se disponibilizaram a revelar tanto sobre as suas experiências de trabalho e de vida. Os meus agradecimentos

---

[3] "As Formas Flexíveis de Trabalho e Emprego: Riscos e Oportunidades", coordenado por Ilona Kovács (financiado pela FCT – Fundação para a Ciência e Tecnologia, POCTI N.º 33042/SOC/2000) e realizado no âmbito do SOCIUS (Centro de Investigação em Sociologia Económica e das Organizações), do ISEG-UTL (Instituto Superior de Economia e Gestão, da Universidade Técnica de Lisboa), entre 2000 e 2004.

dirigem-se também às empresas e aos organismos que, através do pessoal dirigente, prestaram informação relevante sobre a sua atividade, estratégias e métodos de gestão.

À Fundação Económicas, em particular ao seu presidente, o Prof. Doutor António Romão, e à editora Almedina, o meu profundo reconhecimento pela oportunidade de publicação deste livro.

Sara Falcão Casaca
Lisboa, 8 de fevereiro de 2012

1.
Trabalho emocional e estético nos serviços interpessoais: a problemática

1.1. Breve enquadramento

A partir da década de 1960, as condições socioeconómicas que haviam modelado a *sociedade industrial* começaram a sofrer alterações profundas, entre as quais se destacam o crescimento do setor dos serviços e a difusão de novas tecnologias (v.g. a microinformática e as telecomunicações). Apesar das especificidades inerentes a cada sociedade – e, portanto, da forma singular como as mutações socioeconómicas são absorvidas –, o desenvolvimento do setor terciário e a sua crescente diversificação apresentam-se com marcos comuns às sociedades economicamente mais avançadas. Estas novas dinâmicas na estrutura da atividade económica têm acarretado alterações de fundo, não só na organização da produção e na distribuição de bens e serviços, mas também na estrutura socioprofissional, nas condições laborais, nas relações de emprego e no perfil da força de trabalho (e.g. Lash e Urry, 1994b; Gallie e Purcell, 1996; Castells, 2000 [1996]; Machado e Costa, 1998; Crompton, 1999; Carnoy, 2000; Casaca, 2005; Kovács, org. *et al.*, 2005; Nixon, 2009; Warhurst, Thompson e Nickson, 2009).

A este contexto de transformação ousou-se associar, numa linha de tecno-otimismo futurista (cf. Kovács, 2006: 42), as designações de *nova economia* e *sociedade pós-industrial* (e.g. Bell, 1977)[4].

---

[4] Para uma discussão mais elaborada, veja-se e.g. Kovács (2003, 2006); Casaca (2005, 2006a); Kovács e Casaca (2008).

8 | Trabalho Emocional e Trabalho Estético: Na Economia dos Serviços

Há cada vez mais setores e organizações a oferecer produtos e serviços incorporadores de conhecimento técnico-científico, mas verifica-se também a expansão do segmento dos serviços sociais e pessoais (e.g. Nixon, 2009; Warhurst, Thompson e Nickson, 2009). São vários os estudos[5] que salientam uma profunda segmentação no que diz respeito às qualificações requeridas, às oportunidades de desenvolvimento profissional ou às condições de trabalho e de emprego. Destaca-se também a presença de uma marca de género nesse processo de segmentação (cf., Ferreira 1993, 1999b; 2003; Casaca, 2005). A participação feminina na atividade económica não é um fenómeno novo, mas é com a recomposição setorial da economia que a feminização[6] se acentua, imbricando-se num processo de segregação sexual tanto horizontal como vertical[7] (e.g. Acker, 1990; McDowell e Pringle, 1992; Ferreira,, 1993, 1999a, 1999b, 2003; Burchell e Rubery, 1994; Walby, 1997; Bradley, 1998; André, 1999; Crompton, 1999; Rubery, Smith e Fagan, 1999; Dean, 2005; Forseth, 2005; Pettinger, 2005).

Quanto à diversidade que perpassa o setor dos serviços, o enquadramento teórico disponível é bastante vasto (cf., Casaca, 2005). A perspetiva apresentada por Reich (1992), pese embora o seu registo relativamente simplificado, permite-nos uma aproximação à realidade empírica aqui retratada. Na obra *A Riqueza das Nações*, o autor sublinha o desenvolvimento de três categorias de trabalhadores/as na nova economia global fundamentalmente assente nos serviços. Um primeiro segmento, associado aos *serviços de rotina*, caracteriza-se por desempenhar tarefas rotineiras,

---

[5] Revistos anteriormente num registo mais exaustivo (Casaca, 2005; Kovács, org. *et al.*, 2005; Kovács e Casaca, 2008)

[6] O termo *feminização* expressa a forte participação das mulheres empregadas em comparação com os homens (neste caso, no setor terciário). Em geral, este termo é usado para descrever a proporção de mulheres no emprego total, em cada grupo profissional, nível de qualificação ou habilitacional, classe etária, ou setor de atividade económica.

[7] Virgínia Ferreira (1993) refere-se, ainda, a um processo de segregação transversal, dada a presença de um elevado número de mulheres em setores, atividades, profissões e entidades empregadoras menos remuneradoras.

por processar continuamente pilhas de informação e de dados nos computadores, seguindo procedimentos operativos rígidos e normalizados; compreende os "soldados-rasos" da economia dos serviços, a quem a lealdade e a disciplina são atributos particularmente exigidos.

O segundo grupo abrange os *serviços interpessoais*[8], ou seja, os trabalhadores e as trabalhadoras que prestam diretamente serviços de procura final – e.g. empregados/as de comércio, cabeleireiros/as, taxistas, mecânicos/as, trabalhadores/as da indústria hoteleira, bares, restaurantes, tripulantes de bordo, trabalhadores/as de reparações ao domicílio e pessoal dos serviços domésticos. A feminização é elevada e as qualificações são heterogéneas, oscilando entre a especialização e algum reconhecimento do saber (como sucede com os/as prestadores/as de cuidados de saúde) e as profissões classificadas como indiferenciadas (onde se enquadra, por exemplo, o pessoal de serviços domésticos). Nestes casos, é sobrevalorizada uma atitude de deferência, a expressão da cortesia, da simpatia e da amabilidade.

Por fim, o grupo dos/as *profissionais dos serviços analítico-simbólicos* (ou especialistas em conhecimento) é sobretudo constituído por homens e inclui, nomeadamente, engenheiros/as de projeto e de *software*, juristas, investigadores/as científicos/as, professores/as, técnicos/as de comunicação, relações públicas, diretores/as de *marketing*, consultores/as, gestores/as de informação. Trata-se de profissionais que decifram, manipulam e gerem informação primordial, sendo reconhecidos pela criação de valor que é incorporado pelas organizações contratantes ou empregadoras. Equivale, portanto, ao segmento mais privilegiado da economia dos serviços

---

[8] Marek Korczynski e Cameron Lynne Macdonald associam o trabalho realizado nos serviços, em particular aquele de contacto direto com o público, às seguintes dimensões: intangibilidade; perecibilidade, variabilidade (em função das expetativas e ações do/a recipiente); simultaneidade entre produção e consumo; e inseparabilidade entre produção e consumo (Korczynski e Macdonald, 2009: 1). Os autores reconhecem, porém, que a forma e a intensidade com que estes vetores se conjugam podem variar em função de cada segmento de atividade e grupo profissional.

10 | Trabalho Emocional e Trabalho Estético: Na Economia dos Serviços

que, detendo elevados níveis de autonomia e de poder, beneficia de remunerações elevadas e de outras compensações e regalias.

As mudanças que aqui procuramos relevar ocorrem no quadro de uma economia onde as interações estão cada vez mais presentes – a "economia das interações", como já foi designada (Johnson *et al.*, 2005). Esta reúne os serviços que são prestados diretamente a clientes (serviços interpessoais) e é dinamizada por organizações orientadas para a satisfação da pessoa consumidora (*customer services*). Concomitantemente, a economia e a sociedade em geral têm estado sujeitas a processos de *esteticização*, que, por sua vez, reforçam a dimensão estética do trabalho (e.g. Lash e Urry, 1994b; Giddens, 1995 [1990]; Baudrillard, 1995; Bauman, 1998). Assim sendo, na economia das interações e da estética (Hancock e Tyler, 2008) passam a ser requeridos à força de trabalho *certos* atributos, pressupondo o escrutínio, na fase de seleção e recrutamento, de características que indiciem "qualidades humanas", designadamente: amabilidade, simpatia, deferência, disponibilidade, cortesia, capacidade de expressão verbal e de sociabilidade (e.g. Warhurst *et al.*, 2000; Crompton, 2001 [1998]). Atenta-se também à "disposição corpórea" da pessoa candidata e avalia-se a respetiva adaptabilidade aos códigos estéticos da entidade empregadora (e.g. Tyler e Abbott, 1998; Adkins e Lury, 1999; Hancock e Tyler, 2008). Ao procurar recrutar *a pessoa com a atitude certa* (Callaghan e Thompson, 2002) – ou seja, a *atitude* que acomode as expetativas culturais dos/as clientes e potencie a competitividade no mercado – , as empresas contratam também em função das representações sociais em torno do género, da idade, da pertença étnica e da aparência física.

Como exploraremos no capítulo 2, os serviços interpessoais são aqueles onde, por força das ideologias e estereotipias de género, se constata uma sobre-representação feminina na população empregada, sobretudo nos segmentos de remuneração mais baixos e tidos como menos qualificados (e.g. Dean, 2005; Forseth, 2005; Kerfoot e Korczynski, 2005; Nixon, 2009). Como também aqui se desenvolverá, após a contratação (ou durante o período de colaboração do trabalhador ou da trabalhadora), a empresa aciona os mecanismos de modelação (intervenção), regulação e monitorização das emoções e da estética, em concordância com a respetiva imagem corporativa. De resto, a literatura de gestão tem prescrito alterações na organização do trabalho, no sentido do abandono da formalidade burocrática e da aposta na relação com o mercado, à luz da máxima da soberania do/a consumidor/a. "Reencantar a organização do trabalho é um dos desafios das organizações contemporâneas" (cf. du Gay e Salaman, 1992: 616), incluindo a mobilização dos corações e da alma dos/as trabalhadores/as para o derradeiro objetivo da prestação de um serviço de excelência (*ibidem*: 626). É este o contexto que suscita a pertinência dos conceitos de *trabalho emocional* e de *trabalho estético*.

1.2. Das abordagens clássicas sobre as organizações e os princípios de organização do trabalho ao reconhecimento das emoções: uma breve contextualização

No quadro das abordagens clássicas sobre as organizações, além dos contributos da gestão científica do trabalho desenvolvidos por Taylor no início do século XX, é sabido que a sociologia weberiana teorizou sobre o tipo ideal de organização burocrática; todavia, para Weber, a racionalização sistemática, a imposição da disciplina e as regras formalmente estabelecidas tendiam a aprisionar os indivíduos numa "jaula de ferro". Neste sentido, é à luz do paradigma gestionário, racionalista e burocrático – onde se enquadram designadamente os princípios tayloristas de organização do trabalho – que a dimensão subjetiva do ser humano, não controlável e não passível de racionalização, é tida como indesejável em qualquer espaço produtivo. A divisão entre conceção e execução espelha o pressuposto de que a força de trabalho deve realizar tarefas parcelares, simples, monótonas, fragmentadas, num registo rápido e mecânico, não havendo espaço para a mobilização das capacidades cognitivas e intelectuais, para a criatividade, a iniciativa ou a expressão da subjetividade. Nesta ótica, em nome da eficiência produtiva, apenas se concebe a possibilidade de os comportamentos humanos funcionarem à semelhança de uma máquina, controláveis, padronizados, prescritos, calculados e previsíveis (cf., Reed, 1992; Kovács e Castillo, 1998; Ferreira, Neves e Caetano, 2001; Freire, 2001; Bolton, 2005).

Os benefícios da dimensão subjetiva das organizações viriam a ser expostos pela escola das relações humanas, nos anos 30 do século passado, quando Elton Mayo discorreu sobre a importância das relações informais. Nesta altura, por oposição ao paradigma racionalista e burocrático assente na imagem do trabalhador--objeto, enfatizou-se o conceito de trabalhador-sujeito, a importância dos sentimentos, das emoções e das relações interpessoais no processo de integração social. Esta visão decorreu das experiências realizadas na fábrica de Hawthorne, que, embora não pondo em causa o modelo taylorista de organização do trabalho, vieram demonstrar que a produtividade e o desempenho dependiam mais das condições humanas (subjetivas) do que das condições físicas de trabalho. Nos anos 50, as ciências comportamentais, designadamente por via dos contributos de Maslow, Herzberg e McGregor, apelaram também à consagração da noção de trabalhador-sujeito. Pela mesma altura, no quadro da sociologia, a escola sociotécnica, através dos resultados das experiências realizadas na Noruega, veio reclamar a importância do subsistema social de qualquer organização, o qual integra as relações sociais, as atitudes, os valores, as normas e a organização informal, além das motivações, expetativas, aptidões e competências. Nesta ótica, este subsistema é responsável pela eficiência real da organização, ao passo que o sistema técnico – composto pelo processo de trabalho, as tarefas, as instalações, a disposição física (*layout*), os equipamentos e as tecnologias – possibilita apenas a eficiência potencial. Ambos os subsistemas são então vistos como elos interdependentes, que se influenciam mutuamente e são passíveis de um ajustamento harmonioso.[9] Ao abrigo desta conceção sistémica de empresa, o fator humano passa a ser considerado tão importante para a competitividade das empresas quanto a tecnologia. No quadro das investigações orientadas para a ação, incentiva-se a inovação tecnológica em simultâneo com a inovação socio-organizacional – i.e., a implementação de novas formas de organização do trabalho (NFOT). Estas compreendem o redesenho e o enriquecimento funcional das tarefas, de modo a que sejam complexas, qualificadas e variadas; a horizontalização das estruturas e a descentralização de responsabilidades e da autonomia; a organização do trabalho em equipas (dotadas de capacidade de coordenação e de auto--organização); o incentivo à criatividade, à iniciativa, à qualificação ampla e contínua (flexibilidade qualitativa); a mobilização dos conhecimentos técnicos e tácitos; e a conjugação de mecanismos de participação direta e indireta dos/as trabalhadores/as tanto a nível operacional como estratégico/decisório (e.g. Reed, 1992; Kovács e Castillo, 1998; Ferreira *et al.*, 2001; Kovács, 2006).

Já a análise estratégica, a partir dos anos 1970, defende que cada organização é um espaço dinâmico que se constrói a partir da ação coletiva, das alianças estratégicas e dos jogos de poder entabulados pelos diferentes atores. A visão passiva e mecanizada sobre o/a trabalhador/a é, deste modo, rejeitada. Recorrendo ao conceito de *zona de incerteza*, realça-se que há sempre uma margem de liberdade dos atores, mesmo em contextos de elevada formalização e regulamentação burocrática. A estratégia de cada ator

---

[9] Este ajustamento harmonioso deve também ocorrer em relação ao meio circundante (externo). Para as teorias dos sistemas, o conflito pode ser erradicado por força de mecanismos que promovam o ajustamento entre os subsistemas. Embora não exploremos aqui as abordagens contingenciais, importa referir que estas se centram na análise da influência do ambiente externo nos modelos organizacionais (mais mecânicos ou mais orgânicos em função das características do meio). (cf., Reed, 1992; Kovács e Castillo, 1998; Ferreira, Neves e Caetano, 2001; Freire, 2001). A tese da possibilidade de ajustamento harmonioso é contrária à das teorias do processo de trabalho, nomeadamente; neste caso, o conceito *contested terrain* (Edwards, 1979) procura relevar que o conflito é endémico a qualquer empresa/organização.

14 | Trabalho Emocional e Trabalho Estético: Na Economia dos Serviços

é racional, mas essa racionalidade é limitada pela estratégia dos outros atores e pelos constrangimentos organizacionais (Crozier e Friedberg, 1977). A década de 1980, por sua vez, demarca-se pelo aprofundamento de uma nova conceção de empresa: um espaço autocriador, de produção social e cultural, onde, à semelhança de uma microssociedade, se expressam subjetividades e desenvolvem identidades, valores, interações, relações sociais, sociabilidades e estratégias. Cada contexto empresarial é habitado por uma cultura e por subculturas, e cada indivíduo é ali simultaneamente criador e recetor (Sainsaulieu, 1987).

É na esteira da escola comportamentalista (ver acima) que parte da literatura contemporânea de gestão prescreve hoje políticas e práticas de recursos humanos que se rotulam de *soft*, orientadas para a motivação, a obtenção do compromisso e do envolvimento dos/as trabalhadores/as, assim como para a consolidação de uma cultura corporativa coesa. No entanto, esta dimensão *humanista* tem sido questionada e problematizada pela sociologia do trabalho[10]. Há pouco mais de uma década, Daniel Goleman (1995) viria a inspirar vários gurus da gestão com os seus argumentos em torno da inteligência emocional; o sucesso das organizações dependia já não apenas da inteligência cognitiva, do QI (quociente de inteligência), mas também do QE (quociente emocional) – i.e. da integração de líderes e colaboradores/as dotados/as de capaci-

---

[10] Parte da literatura gestionária sobre a cultura de empresa (*corporate culture*) refere-se à capacidade de as organizações, por via das suas lideranças, desenvolverem e consolidarem uma cultura una, homogénea, coesa e forte (cf., du Gay e Salaman, 1992). Já os/as sociólogos/as do trabalho, e designadamente aqueles/as inspirados nas teorias do processo de trabalho, referem-se a estratégias de controlo normativo (Edwards, 1979), a uma "jaula de veludo" decorrente da cultura corporativa (cf., Bolton, 2005:37). Para esta linha de pensamento, o discurso gestionário procura veicular os ideais unitaristas de relações laborais e neutralizar o conflito de classes (Blyton e Turnbull, 1992; Callaghan e Thompson, 2002). Este tema foi explorado num estudo anterior sobre a ideologia empresarial (Casaca, 1995). Relativamente aos serviços interpessoais em particular, Warhurst, Thompson e Nickson (2009) enfatizam o contributo das teorias do processo de trabalho (*Labour Process Theories*- LPT) para a compreensão das recentes mudanças no processo de trabalho.

Trabalho emocional e estético nos serviços interpessoais: a problemática | 15

dade de empatia, de autoconhecimento e autocontrolo, de mobilização das emoções adequadas para o alcance dos objetivos individuais e organizacionais e para o desenvolvimento de relações sociais favoráveis. Esta temática tem, ainda, gravitado em torno de alguns estereótipos de género, sobretudo a partir da discussão sobre os méritos de um estilo de liderança mais transformacional, tido como *feminino*, orientado para a dimensão relacional, para o diálogo, a colaboração e a harmonia, e para a valorização das pessoas. Este registo mais empático, capaz de incentivar a participação, a cooperação e o elevado empenhamento dos/as trabalhadores/as ou colaboradores/as, é concebido por oposição a uma liderança mais tradicional, transacional, *masculina*, focada na concretização das tarefas, pouco sensível ao fator humano, mais centralizadora e menos participativa (e.g. Bass *et al.*, 1996; Eagly *et al.*, 2003; veja-se também Santos, 2010). Outros autores, a partir da mesma assimetria simbólica, analisaram os traços de *masculinidade* e de *feminilidade* das culturas nacionais, discorrendo sobre os desafios colocados à gestão de empresas com atividade além--fronteiras (veja-se Hofstede, 1991).

Parte da literatura gestionária recorre, portanto, a um discurso aparentemente *humanista*, mas a *humanidade* advogada é frequentemente subsidiária de práticas empresariais exclusivamente focadas na excelência dos resultados financeiros das empresas, assistindo-se – não raras vezes – a um recuo das práticas inspiradas na perspetiva centrada no fator humano, orientadas para a conciliação do desempenho económico com a qualidade de vida no trabalho (veja-se Kovács, 2006; veja-se também Bolton, 2005) e com igualdade entre homens e mulheres (Casaca, 2010).

Retomando as abordagens clássicas sobre as organizações, cabe-nos também recordar o sentido crítico das vozes feministas (ainda que recuperado mais à frente). De entre outros argumentos, é sublinhado o facto de o modelo mecanicista-burocrático não ser neutro do ponto de vista do género; logo, ao ter incrustadas as normas masculinas, apresenta-se e funciona como uma estrutura de dominação e de controlo patriarcal que subordina e oprime as

16 | Trabalho Emocional e Trabalho Estético: Na Economia dos Serviços

mulheres (cf. Kanter, 2003 [1977]). Acresce que, não obstante toda a reflexão sobre novos modelos de produção e de organização do trabalho, as empresas ou as organizações em geral continuam a obedecer e a reiterar o normativo masculino nas suas políticas e práticas de gestão, perpetuando-se assim os mecanismos de discriminação (direta e indireta) e de segregação sexual (e.g. Pollert, 1981; Cavendish, 1982; Cockburn, 1991; Wajcman, 1998; para um maior desenvolvimento, veja-se e.g. Acker, 1990, 1999; Abbott e Wallace, 1997; Anker, 1997; Evans, 1997; Walby, 1997; Jenson, 1998; Chafetz, 1999; Ferreira, 1996, 1999b, 2003; Crompton, 1999; Witz, 1999; Bradley, 2000 [1996]; Britton, 2000; Jackson e Scott, 2002; Bolton, 2005).

No decurso desta longa trajetória teórica – que procurámos aqui descrever num registo seletivo e sucinto, sem qualquer pretensão (ou ilusão) de exaustividade –, cabe-nos notar que só recentemente a organização (ou empresa) passou a ser reconhecida enquanto espaço perpassado por sentimentos (Albrow, 1997) ou como uma *arena de emoções* (Fineman, 2003), onde se movimentam *homo sentiens* que dão expressão à alegria, à satisfação, ao prazer e à paixão, ou onde habitam insatisfações, conflitos e frustrações (e.g. Bolton, 2005; Kupers e Weibler, 2008). No cerne do debate teórico sobre o trabalho emocional está, portanto, o reconhecimento de que a subjetividade, as emoções e os sentimentos estão impregnados nas organizações. Como se dá conta na secção seguinte, passou também a ser reconhecido que a corporalidade (*embodiment*) e a sexualidade estão presentes na vida organizacional (e.g., Pringle, 1989; Burrell e Hearn, 1990; Amâncio, 1991; Cockburn, 1991; Filby, 1992; Collinson e Collinson, 1996; Witz, Warhurst e Nickson, 2003).

1.3. Trabalho emocional e trabalho estético

Como se tem vindo a fazer referência, é no quadro de um percurso relativamente extenso que a sociologia das emoções se veio a constituir enquanto campo científico, sendo que a articulação com a sociologia das organizações, do trabalho e do emprego, assim como com a sociologia do género, carece ainda de aprofundamento. É nos finais do terceiro quartel do século XX que a exibição das emoções (*emotional display*) é assumida enquanto objeto científico relevante (Hochschild, 1979, 1983), envolvendo o esforço (*effort*) despendido pelos/as trabalhadores/as na supressão ou manipulação das emoções genuínas (privadas) de modo a exibir os estados emocionais consentâneos com as normas prescritas pelas empresas. Este processo de transformação (ou mesmo de transmutação) é então designado de trabalho emocional (*emotional labour*). Decorre do facto de a força de trabalho, no quadro de uma economia capitalista e ao abrigo de uma relação contratual de subordinação, não ter outra alternativa que não seja a gestão das suas emoções mais íntimas e a exibição das emoções prescritas pela entidade empregadora, em troca da retribuição monetária necessária para a sua manutenção e subsistência (Hochschild, 1983). Desde então, vários autores e autoras têm analisado as experiências subjetivas do trabalho emocional, debatido os efeitos psicossociais inerentes, o grau de autonomia ou de alienação, bem como as condições laborais em geral nos serviços interpessoais (e.g. Rafaeli e Sutton, 1990; Tolich, 1993; Asforth e Humphrey, 1995; Morris e Feldman, 1996, Casaca, 2012a/no prelo).

Para Arlie Russell Hochschild (1983: 147), nas profissões que envolvem trabalho emocional existe contacto facial e/ou vocal com o público, sendo requerido um desempenho capaz de promover determinados estados emocionais na pessoa (ou pessoas) com quem se interage.[11] Tendo em vista este objetivo, a entidade emprega-

---

[11] A exibição requerida pode compreender a expressão de amabilidade e graciosidade, de modo a gerar emoções positivas nos/as consumidores/as (*service recipients*) – como sucede com as hospedeiras de bordo – profissão aprofundadamente analisada por Hochschild (1983). Pode, porém, passar por uma aparência reservada e taciturna, como é esperado dos/as funcionários/as de agências funerárias, ou por uma expressão de frieza, que transpareça insensibilidade e firmeza (emoções requeridas aos cobradores de dívidas, por exemplo) (Rafaeli e Sutton, 1987). Pode ainda ser necessário mobilizar emoções variadas; dos/as docentes, designadamente, espera-se a expressão de emoções positivas, capazes

18 | Trabalho Emocional e Trabalho Estético: Na Economia dos Serviços

dora prescreve, regula e controla as emoções a exibir publicamente pelos trabalhadores e trabalhadoras. Apesar de a autora integrar a dimensão corporal no conceito de trabalho emocional (a gestão das emoções abrange, a seu ver, a exibição pública/observável das expressões faciais e corporais prescritas pelas normas organizacionais) (1983: 7), o conceito de trabalho estético (*aesthetic labour*) tem vindo a ser abordado e teorizado mais autonomamente.[12] Consta, assim, de uma publicação de 2000, de Chris Warhurst, Dennis Nickson, Anne Witz e Anne-Marie Cullen,[13] onde são apresentadas as conclusões de um estudo sobre uma área *estilizada* da cidade Glasgow que reúne bares, cafés, restaurantes, hotéis e lojas de retalho desenhadas e decoradas segundo rigorosos critérios estéticos (Warhurst *et al.*, 2000; veja-se também Witz, Warhurst e Nickson, 2003; Warhurst, Thompson e Nickson, 2009). Tendo observado o perfil das pessoas ali empregadas, os/as autores/as constataram que, além das emoções, a aparência física destacava-se enquanto elemento constitutivo do trabalho desenvolvido. O conceito de *trabalho estético* descreve, assim, a mobilização, o desenvolvimento e a mercadorização (*commodification*) das *disposições corpóreas* das/os trabalhadoras/es por parte das empresas.[14] Este processo é alcan-

---

de entusiasmar e motivar os/as alunos/as, mas também de emoções negativas que possam incutir sentido de disciplina ou mesmo a repreensão, além de emoções neutras que reflitam uma imagem de imparcialidade (Morris e Feldman, 1996: 990-991). O mesmo sucede com uma equipa de enfermagem que preste apoio em cirurgias, por exemplo, de quem se espera neutralidade emocional durante uma intervenção cirúrgica, a exibição de emoções calorosas na interação com os/as pacientes e suas famílias, e emoções que reflitam encorajamento quando se trata da relação com colegas de equipa (Denison e Sutton, *apud* Rafaeli e Sutton, 1987: 23).

[12] O esforço de síntese aqui requerido leva-nos a considerar apenas a produção teórica sobre *trabalho estético*, não integrando as teorias sociológicas sobre o corpo (veja-se e.g. Shilling, 1993; Williams e Bendelow, 1998). Tal desafio está comprometido para outros momentos (veja-se também o capítulo sobre as reflexões finais).

[13] Esta publicação decorre, todavia, de uma comunicação apresentada anteriormente (1998) – Witz, A., C. Warhurst. D. Nickson and A.M. Cullen. 'Human Hardware: Aesthetic Labour in the New Workplace'. Work, Employment and Society Conference, University of Cambridge.

[14] Os autores recorrem a este conceito de Bourdieu, integrando aqui "as disposições corpóreas e atributos físicos" (2000: 6). A perspetiva deste autor tem

çado por via da seleção de pessoas portadoras dos atributos físicos e das capacidades corpóreas *adequadas*, e, depois, pelo respetivo desenvolvimento – i.e., pela transformação dessas capacidades *de partida* em competências esteticamente modeladas, capazes de garantir experiências sensoriais prazerosas junto dos/as consumidores/as (Warhurst *et al.*, 2000: 4).

Na *economia estética* (Hancock e Tyler, 2008), as imagens publicitárias e de *marketing*, o *logo* organizacional, o *design* de interiores, os artefactos, a comunicação, as relações e as interações sociais são elementos modelados esteticamente, *estilizados*, de modo a gerar emoções positivas junto dos/as potenciais clientes e a promover formas de identificação com as empresas em questão (*ibidem*: 204). À semelhança de todos os artefactos que integram a estética organizacional (Witz, Warhurst e Nickson, 2003), os corpos das trabalhadoras e dos trabalhadores funcionam como parte integrante, material, como o *hardware* da cultura empresarial/organizacional orientada para a satisfação do/a cliente (Witz, Warhurst e Nickson, 2003; veja-se também e.g. Pettinger, 2004). Trata-se da componente animada da *estética organizacional* que, em nome da construção ou consolidação da identidade cultural corporativa, apresenta-se aliada à "cenografia inanimada" (Witz, Warhurst e Nickson, 2003: 35). À luz desta linha de pensamento, vive-se assim uma nova

---

vindo a ser integrada em várias publicações (e.g. Lovell, 2000; Witz, Warhurst e Nickson, 2003; Pettinger, 2005), não obstante as críticas feministas que lhe são endereçadas. Estas decorrem do facto de o autor ter ignorado o património da literatura feminista (uma forma de *violência simbólica*, de acordo com várias feministas), e secundarizado as transformações nas relações de género e o papel desempenhado pelas mulheres enquanto agentes históricos, assim como as lutas e as conquistas granjeadas pelos movimentos feministas (cf., Casaca, 2005). Para os/as autores/as acima assinalados, os contributos retidos prendem-se com a visão exposta por Bourdieu acerca das disposições do *habitus* enquanto "disposições *embodied*", pelo que a classe social apresenta-se refletida no corpo, tal como sucede com o género (Pettinger, 2005: 467). Procura-se, por esta via, relevar que ao longo da vida homens e mulheres vão cultivando as diferenças corporais e culturais associadas à masculinidade e à feminilidade (aliás, para Bourdieu, o *corpo é socialmente informado*, pelo que as diferenças corporais e as diferenças socialmente construídas são duas faces de uma mesma moeda) (Lovell, 2000: 27).

era centrada na valorização das emoções e da imagem/aparência, onde *"apresentar-se bem, vestir-se bem e falar bem"* (Watson, 2008: 266) são atributos cada vez mais requeridos à força de trabalho no setor dos serviços (Witz, Warhurst e Nickson, 2003). Verifica-se, portanto, uma inseparabilidade entre a aparência estética dos/as trabalhadores/as e o produto ou o serviço a comercializar (McDowell 1997, *apud* Adkins e Lury, 1999: 606).

Poderia ser argumentado que a imagem sempre foi valorizada pelas entidades empregadoras, sobretudo no setor terciário. O estudo realizado por Wright Mills, nos anos 50, já dava conta de como a aparência era considerada pelas empresas por gerar *boa impressão*[15] junto dos/as consumidores/as (Mills, 1956). Todavia, aquilo que emerge como *novo* na economia contemporânea é a "intervenção" exercida pelas empresas, incluindo a regulação e a disciplina dos corpos (Warhurst, Thompson e Nickson, 2009: 105). Num outro artigo, explicitando a herança dos contributos de Goffman e de Bourdieu, os/as autores/as da investigação sobre a economia da estética na cidade de Glasgow referem-se a *embodied labour* como sinónimo de *aesthetic labour*, considerando que este último tem o mérito de integrar o conceito de trabalho emocional e de ir mais além ao relevar o carácter *embodied* dos serviços interpessoais (a modelação/*design* dos corpos dos trabalhadores e trabalhadoras que ali desenvolvem a sua atividade profissional) (Witz, Warhurst e Nickson, 2003: 35). A referência à dimensão estética do trabalho apresenta-se, assim, bastante ampla, compreendendo não só a aparência física como o estilo pessoal em geral, integrando fatores como a altura, o peso, o timbre da voz, a pronúncia, o tom de pele, a cor e o corte de cabelo, o penteado, a maquilhagem, o vestuário, os adornos e acessórios, a maquilhagem, a forma de comunicação verbal, a expressão facial e a postura corporal.[16] Hancock e Tyler

---

[15] Referência ao modo como uma trabalhadora de um grande armazém era bem sucedida junto dos/as clientes. Este facto era motivado pela postura e pelo tom de voz, e não tanto pelos produtos dispostos para venda (*idem*).

[16] Esta amplitude pode, porém, constituir uma fragilidade de conceptualização do *trabalho estético* (veja-se e.g. Wolkowitz, 2006),

(2008: 206) referem-se a todos os aspetos sensoriais do corpo que são trabalhados (*made-up*) e estilizados (*branded bodies*) em consonância com a imagem corporativa e/ou com a marca do produto ou serviço a comercializar. Trata-se, por esta via, de potenciar o valor económico da estética, tentando corresponder às expectativas, desejos e fantasias de quem consome (Pettinger, 2004, 2005).

A dimensão sexualizada do trabalho dos serviços interpessoais tem também sido objeto de problematização, embora com enfoques distintos (cf. Warhurst e Nickson, 2009). Há investigações que se centram nas assimetrias de poder incrustadas nas relações de género e, a partir daí, nas estratégias desenvolvidas pelos homens para reafirmar o controlo, o poder e a dominação sobre as mulheres (como sucede com o fenómeno do assédio sexual em contexto de trabalho)[17]. São observados os vários mecanismos de produção e reprodução de uma cultura heterossexual masculina, a forma como a sexualidade é mobilizada na renegociação das relações de poder, ou os mecanismos de homossociabilidade masculina que tendem a excluir as mulheres (e.g. Walby, 1986, 1990; Pringle, 1989; Burrell e Hearn, 1990; Amâncio, 1991; Amâncio e Lima, 1994; Cockburn, 1991; Filby, 1992; Collinson *et al.*, 1990; Collinson e Collinson, 1996; Nogueira, 2001). Outros estudos examinam as expressões de sexualidade consentida, designada-

---

[17] Cynthia Cockburn (1991), designadamente, aborda o modo como a sexualidade é instrumentalizada pelos homens nas organizações, quer como uma forma de demarcação do *seu território,* quer como imposição (e expressão) do seu poder e controlo sobre as mulheres. As organizações são, assim, vistas como espaços onde coexistem o poder e a sexualidade. Tanto esta autora como Collinson *et al.* (1990), nomeadamente, concluem que, quando ameaçados pela presença feminina nos locais de trabalho, os homens recorrem à sexualidade, designadamente ao assédio sexual ou a anedotas sexistas (piadas que reforçam o discurso da sexualidade *macho*). Deste modo, intimidando e subjugando as mulheres à cultura masculina, os homens reafirmam o seu poder em contexto laboral e profissional (veja-se também e.g. Collinson e Collinson, 1996). Como recordam Amâncio e Lima (1994), o assédio sexual força o outro (neste caso, a mulher) a suportar, contra sua vontade, comentários humilhantes e ofensivos, olhares intimidantes, convites constrangedores, toques, gestos e abusos de autoridade (veja-se também e.g. Amâncio, 1991).

22 | Trabalho Emocional e Trabalho Estético: Na Economia dos Serviços

mente por pessoas que se envolvem em ligações românticas no espaço laboral, podendo estas ser reprovadas ou mesmo reprimidas pela entidade empregadora (Kakabadse e Kakabadse, 2004, *apud* Warhurst e Nickson, 2009: 391). Na linha dos estudos sobre o trabalho estético, outras pesquisas focam a crescente atenção concedida pelas empresas ao recrutamento de pessoas detentoras de uma aparência física atraente, assumindo que as disposições corpóreas facilitam e potenciam os resultados inerentes à comercialização de determinados serviços ou produtos. Há ainda análises que, tendo presente estes mesmos fins organizacionais, destacam a evidência de uma estratégia de gestão que explicitamente prescreve uma aparência sexualizada. Estes dois últimos exemplos colocam a tónica na crescente valorização da dimensão erotizada do trabalho, que, no caso das organizações, pode passar por uma estratégia explicitamente prescritiva do *sex appeal* e da erotização dos corpos (Warhurst e Nickson, 2009: 399).

1.3.1. *A integração da perspetiva de género*

Witz, Warhurst e Nickson, (2003: 35) reconhecem que, apesar de o trabalho estético ser particularmente requerido às mulheres, há cada vez mais homens a trabalhar nos serviços interpessoais e sujeitos ao mesmo teor de exigências. Vários estudos confirmam, porém, que os códigos estéticos variam em função das representações simbólicas de masculinidade e feminilidade, relevando a dimensão *gendered*[18] do próprio trabalho estético (cf., Dean, 2005;

---

[18] Utilizamos o conceito em língua inglesa. Outras autoras e autores têm optado pelo aportuguesamento do mesmo, referindo-se a práticas *genderizadas* ou *gendrificadas*. Alguma literatura brasileira recorre ainda ao termo *generizadas*. No âmbito da comunidade académica, há também quem manifeste preferência pelo uso da expressão *sexuadas* (as várias opções estão sistematizadas em Ferreira, 2003). Esta questão remete para o debate sobre a distinção conceptual entre *sexo* e *género* – uma herança do feminismo moderno, com raízes nos argumentos avançados por Ann Oakley (1972). Segundo esta autora, todos os indivíduos são *sexuados*, na medida em que são portadores de traços biológicos inatos, desde os órgãos sexuais e reprodutivos, passando por características somáticas,

Foreseth, 2005; Nixon, 2009). Já a propósito da dimensão sexualizada e erotizada dos corpos, Warhurst e Nickson (2009: 395) sublinham que as mulheres jovens constituem o grupo social mais sexualizado pelas organizações.[19] Fazendo a ponte com o trabalho emocional, é de recordar que Hochschild (1983), a partir do exemplo das hospedeiras de voo, destaca o modo como as empresas "trabalham a aparência" (dimensão que a autora integra no conceito de *emotional labour)* para reforçar a imagem de feminilidade e de subordinação, procurando assim corresponder às expetativas sociais dos clientes. Para a autora, esta condição vulnerabiliza ainda mais as trabalhadoras na interação social com os passageiros (sobretudo do sexo masculino), estando na origem de tratamentos humilhantes e depreciativos. Logo, nestas situações, o trabalho emocional tende a ser experienciado como uma vivência árdua, subordinada e psicologicamente desgastante. Num registo

---

hormonais e físicas que distinguem o sexo masculino do sexo feminino. O género, por seu turno, é uma categoria sociocultural e resulta de um processo social, construído, descontruído e reconstruído a partir das relações de género (Casaca, 2005). A nossa opção pelo conceito de *género,* porém, está longe de obscurecer a interrelação com o corpo (sexo) (veja-se Ferreira, 2003). Quando nos referimos a uma organização do trabalho *gendered,* designadamente (v. capítulo 3), procuramos relevar a dimensão socioconstruída da mesma e o facto de a respetiva conceção ter incrustada a assimetria simbólica, socialmente partilhada, entre o masculino e o feminino (Amâncio, 1992). É também este o sentido conferido a propósito do trabalho estético.

[19] A cultura das sociedades contemporâneas é consumista e *retro* – como sublinha Lipovetsky (1989 [1983]). Pese embora as reservas que a obra *La Troisième Femme* nos suscita (cf., Casaca, 2005), é interessante notar que este filósofo admite que "o movimento de reabilitação contemporâneo de beleza masculina não significa a diminuição da assimetria dos papéis e posições estéticas dos dois sexos (...). A promoção da beleza masculina não aboliu em nada a desigualdade estrutural constitutiva do reino do belo sexo" (Lipovetsky, 1997: 194-195, tradução livre). O autor associa, porém, este facto a uma arma de sedução que confere domínio e poder às mulheres. Gilles Lipovetski (1997) fala-nos da *terceira mulher* para descrever uma mulher *reciclada* que, na sociedade atual, assume novos papéis e funções, que é portadora de aspirações e desejos não tradicionalmente femininos, mas que, concomitantemente, perpetua nas suas vivências quotidianas as funções e os papéis tradicionais, sobretudo no que concerne o foro privado, afetivo e estético.

próximo, Melissa Tyler e Pamela Abbott (1998) e Claire Williams (2003) constataram que, devido a um contexto que reforça tanto as feminilidades como as masculinidades hegemónicas[20], os efeitos negativos do trabalho emocional são mais sentidos pelas tripulantes de bordo do sexo feminino, estando estas particularmente sujeitas a comportamentos desrespeitosos e abusivos da parte dos/as clientes (passageiros/as).

Também já aqui aludimos ao facto de o ato de *servir* estar colado aos estereótipos de género (e.g., Amâncio, 1994, 2002)[21] e ao papel tradicionalmente atribuído às mulheres – o de assistir, acarinhar, apoiar e cuidar dos/as demais, seja na família ou na comunidade mais vasta (Abbott, 2000). As mulheres estão, por conseguinte, sobre-representadas nas profissões onde é requerida a deferência, a simpatia, a sociabilidade e a amabilidade, ainda que esses segmentos profissionais permaneçam menos valorizados e recompensados monetária e socialmente (e.g. Hochschild,

---

[20] Black e Sharma (2001) sublinham que a modelação dos corpos (*design* corporal) difere na adaptação e conformidade com as representações hegemónicas em torno da masculinidade e da feminilidade, como ilustra o sugestivo título da publicação "Men are real, women are 'made up': Beauty therapy and the construction of femininity". Gimlin (1996), por exemplo, sublinha que os salões de beleza são espaços onde a heterossexualidade (feminina) é constantemente recriada – razão pela qual os homens que trabalham como cabeleireiros são frequentemente conotados como detentores de traços *efeminados*. Segundo Connell (1987), a masculinidade hegemónica (construção ideológica de masculinidade) está na base da subordinação das mulheres e da posição inferior que estas ocupam na sociedade; ao mesmo tempo, ela potencia também a subjugação dos homens, porquanto subordina (e reprime) as masculinidades alternativas ao modelo ideal dominante – veja-se e.g. Vale de Almeida (2000), acerca da (re)construção da masculinidade a partir de um modelo cultural hegemónico; ou Joaquim (1997), designadamente, sobre a construção social da feminilidade ao longo dos tempos, remetendo-nos para a dimensão construída, histórica e socialmente contingente do conceito de mulher.

[21] Enquanto no caso dos homens o "modelo referencial" assenta em traços de carácter universal, os quais estão, aliás, presentes no estereótipo masculino de "dominante", "independente", "corajoso", "objetivo". No caso das mulheres, os traços são de carácter particularista, a que se associa um estereótipo feminino focado em dimensões como "dominada", "sensível" e "dependente" (Amâncio, 1994: 133).

Trabalho emocional e estético nos serviços interpessoais: a problemática | 25

1983; Acker, 1990; Filby, 1992; Macdonald e Sirianni, 1996; Bradley, 1998; Adkins e Lury, 1999; Taylor e Tyler, 2000; Ehrenreich, 2003; Bolton, 2005; Forseth, 2005; Kerfoot e Korczynski, 2005; Pettinger, 2005; Casaca, 2006a,b; Wharton, 2009). Com efeito, é no setor dos serviços que se concentra a maior percentagem de mulheres empregadas, sobretudo no que diz respeito a "outros serviços" – segmento que integra tanto os serviços sociais (educação, saúde e ação social) como os pessoais (e.g. Gallie e Purcell, 1996; Perista e Chagas Lopes, 1996; Crompton, 2001 [1998]; André, 1999; Ferreira, 1999b, Casaca, 2005; Nixon, 2009). Esta feminização explica-se, em parte, pelo facto de serem domínios socialmente associados às tarefas desenvolvidas no interior do espaço doméstico/familiar, supostamente próximos dos atributos *naturais* da feminilidade (Bradley, 1998; Casaca, 2005; 2006a, Dean, 2005; Forseth, 2005; Nixon, 2009). As mulheres – mais do que os homens – continuam a ser socializadas para serem agradáveis, cuidarem, *servirem* e zelarem pela *boa* aparência. As ideologias de género estão incrustadas nas identidades individuais e nas expectativas sociais,[22] enformando o

---

[22] Darren Nixon (2009) analisou as experiências e perceções subjetivas de homens trabalhadores dos serviços interpessoais. Tratando-se de uma população jovem e afastada da tradicional cultura masculina do mundo industrial, ponderou a possibilidade de as orientações para o trabalho indiciarem uma clivagem geracional no seio do segmento laboral masculino, com a população jovem a valorizar o trabalho de atendimento ao público. Todavia, os jovens incluídos no estudo demonstraram uma relação muito pragmática com o emprego em questão, percecionando-o como uma fase de transição para uma atividade laboral mais ajustada às suas expetativas e aspirações. Simultaneamente, revelaram descontentamento com a prestação de serviços interpessoais, considerando-a uma função subordinada e humilhante – portanto, não compatível com as representações sociais em torno da masculinidade (associada a poder, autoridade e controlo) (veja-se também Leidner, 1991, 1993). O título da publicação – "I can't put a smiley on" – ilustra bem este sentimento de rejeição. É interessante notar que quando analisámos as perceções de mulheres e homens trabalhadores em serviços relativamente feminizados (comércio de retalho e distribuição alimentar), as mulheres inquiridas apresentaram-se menos insatisfeitas com as fracas condições de trabalho e de emprego, ainda que mais escolarizadas. Ao mesmo tempo que eles revelaram o desejo de mudança de emprego, elas demonstraram receio em perder o posto de trabalho. Além das representações sociais associadas às profissões em questão, tidas como pouco "masculinas", estes resultados

26 | Trabalho Emocional e Trabalho Estético: Na Economia dos Serviços

trabalho dos serviços interpessoais (emocional e estético), as interações estabelecidas com os/as consumidores/as, e reconstruindo-se simultaneamente a partir das mesmas (e.g. Tyler e Taylor, 1998; Taylor e Tyler, 2000; Pettinger, 2005).

Vários estudos têm vindo a sublinhar que o trabalho emocional e o trabalho estético têm subjacentes "formas particulares de capital social e cultural estruturadas através do género, da idade, da classe social[23] e da etnicidade[24]" (Pettinger, 2005: 461, tradução livre; veja-se também e.g. Witz, Warhurst e Nickson, 2003; Payne, 2004; Bolton, 2005; veja-se também e.g. Wolkowitz, 2002, 2006; Kang, 2003; Dean, 2005). Deste modo, a interseção entre género,

---

evidenciaram também as menores expetativas laborais no caso das mulheres e a perceção da dificuldade de conseguir um emprego que reunisse condições mais favoráveis (cf., Casaca, 2005).

[23] Lynne Pettinger (2004: 179) sublinha que os requisitos estéticos impostos às trabalhadoras e aos trabalhadores podem variar entre setores, profissões e organizações (no âmbito do mesmo setor de atividade, como o retalho, essa diversidade foi encontrada em função da marca/insígnia, da zona geográfica e da classe social a que se dirigem os produtos/serviços). A organização do trabalho nos serviços interpessoais tende, por exemplo, a espelhar as representações sociais associadas à classe social; o pessoal tende a ser mais tecnicamente qualificado e a prestação do serviço menos rotinizada e massificada (i.e., mais focada no serviço individualizado à pessoa consumidora) quando se trata de servir clientes de estratos socioeconomicos mais elevados. Nestes casos, as exigências em termos de trabalho emocional e estético são também superiores. Alternativamente, quando se assume que a população potencialmente consumidora detém recursos inferiores, a organização assenta em trabalho menos qualificado, sujeito a maior rotinização e estandardização, mais orientando para um atendimento massificado e menos exigente em termos de esforço de trabalho emocional e estético (veja-se também Kang, 2003).

[24] Carol Wolkowitz (2002, 2006) realça, a este propósito, que a prestação de serviços de estatuto inferior (*the dirty work*) está normalmente a cargo de mulheres imigrantes (veja-se também e.g. Phizacklea e Wolkowitz, 1995; Parreñas, 2001; Kang, 2003; Peixoto *et al*, 2006). Já segundo Macdonald e Merrill, os critérios empresariais relativos ao género, ao grupo étnico, à idade e à classe social prendem-se com uma estratégia de gestão que procura corresponder às preferências e expetativas culturais da pessoa consumidora, podendo variar entre setores de atividade, profissões e regiões. As mulheres com mais idade podem ser *preferidas* em determinados setores, e as mais jovens noutros, assim como os homens ou pessoas pertencentes a determinados grupos étnicos (nestes casos, a contratação é valorizada sobretudo em determinados nichos de mercado) (Macdonald e Merrill, 2009: 124).

classe social, idade e etnicidade tem vindo a ser progressivamente abordada nos estudos mais recentes sobre os serviços interpessoais (cf., Wolkowitz, 2002, 2006; Macdonald e Merrill, 2009). Por influência das teses pós-estruturalistas e construtivistas, a referência a uma *matriz de dominação* (*matrix of domination*) – para reinterpretar o termo de Collin (*apud* Macdonald e Merrill, 2009: 117) – permite equacionar a existência de sistemas de dominação e de opressão interligados entre si, que se refletem nos processos de recrutamento/seleção e nas várias políticas e práticas da gestão das empresas dos serviços interpessoais. Esta interseção molda, também, as identidades e as experiências individuais dos trabalhadores e das trabalhadoras (e.g. Bradley, 2000 [1996]; Kang, 2003).

Neste sentido, temos vindo a assistir ao desenvolvimento de contributos teóricos que seguem uma abordagem multifacetada, centrando o *focus* de análise na forma como os indivíduos, homens e mulheres, reconstroem as suas identidades no decurso das interações que desenvolvem entre si – seja na esfera de produção, do consumo, no contexto da sua intimidade, no plano simbólico ou em qualquer outro domínio. Assiste-se, em geral, a uma mudança de enfoque: do económico para o cultural, do essencialismo para a heterogeneidade, de uma análise sobre os condicionalismos estruturais para a tentativa de compreender, no plano micro, como são (re)construídas as relações de género e as identidades masculinas e femininas (cf., Ferreira, 2003).[25] Sob o primado da ação, encara-

---

[25] Já na linha da descontrução do género, Jane Flax (1987) problematiza a dissociação entre o natural e o social – e, portanto, também entre *sexo* e *género*. É assim declinada a possibilidade de desnaturalização do género, de separação entre natureza e cultura, corpo e pensamento. Judith Butler (1990) diria que, quando se representa e desempenha o género por via das palavras, dos gestos, das ações (a dimensão performativa do género), está-se a fabricar o sexo. Virgínia Ferreira (2003) revisita as teorias pós-estruturalistas e pós-modernistas, designadamente aquelas que, inspiradas no pensamento de Foucault, têm demonstrado o quão opaca é a dissociação entre o corpo e as representações sociais sobre ele construídas. Com efeito, na obra *As Palavras e as Coisas,* Foucault (1998) inicia a problemática da relação sujeito-objeto a partir do quadro *As Meninas,* de Velásquez, destacando que o corpo é como uma tela que a sociedade pinta. No fundo, está presente o pressuposto de que não é possível dissociar as palavras

28 | Trabalho Emocional e Trabalho Estético: Na Economia dos Serviços

-se que as relações de género têm um carácter eminentemente dinâmico, pelo que importa analisar a forma como são vividas e construídas em todas as esferas da vida social (para um maior desenvolvimento, veja-se Amâncio, 1992, 1994; Ferreira, 1996, 1999b, 2003; Nogueira, 2001). O conceito de *género* assume, assim, uma dimensão relacional, podendo mesmo ser descrito como uma *atividade* dinâmica, que é continuamente *fabricada* e (re)construída nas múltiplas relações interpessoais que enformam o quotidiano (e.g. Connell, 1987, 2002; Acker, 1990, 1999; Hirata e Kergoat, 1998; Crompton, 1999, Witz, 1999; Bradley, 2000 [1996]). É neste contexto que Candace West e Sarah Fenstermaker (1995) aplaudem o contributo prestado pela fenomenologia na apreensão da construção do género – i.e. na análise da rede complexa de perceções, interações e microatividades onde o género masculino e o feminino são construídos.[26]

---

das coisas, os sujeitos dos objetos, os elementos linguísticos dos não linguísticos. "Entre as marcas e as coisas não há diferença de observação (...). Por toda a parte há apenas um jogo; o do signo e o do similar, e é por isso que a natureza e o verbo se podem entrecruzar até ao infinito, formando, para quem saiba ler, como que um grande texto único" (1998:89). A diferença entre sexo (corpo) e género está longe de ser consensual – como, aliás, Virgínia Ferreira (1996, 2003) aprofunda também pormenorizadamente. No seu entender, as teorias mais recentes, pós-estruturalistas e pós-modernistas, permitem ilustrar que não é possível dissociar o corpo (ou o sexo) das representações sociais sobre ele existentes (género) e das identidades sexuais. Em vez do vocábulo *género,* utilizado para traduzir *gender,* é a seu ver mais adequado o conceito de *sexo social* (Ferreira, 1996) ou de *sexo biossocial* (conceito que, por exprimir a interdependência entre a ordem biológica e a ordem social, é mais integrador e coerente com a perspetiva defendida) (veja-se Ferreira, 2003).

[26] Os trabalhos de Goffman (2002 [1977]), nos finais da década de 1970, evidenciaram a influência do género na vida quotidiana. Dando particular atenção aos ritos de interação, o sociólogo procurou demonstrar que as diferenças entre homens e mulheres não têm raiz nos atributos biológicos, mas sim num código que regula as representações, os discursos, as práticas (interações face a face) e as estruturas sociais. A seu ver, as interações sociais quotidianas reforçam a hierarquia entre os sexos. Tal como no palco de um teatro, cada um dos sexos adequa a sua conduta ao guião, ou seja, aos papéis socialmente codificados – facto que permite dar coerência às interações, *i.e.,* manter a ordem social. Este guião é interiorizado no decurso do processo de socialização diferencial, através do qual cada um dos sexos assimila qual o código simbólico que regula a conduta

Trabalho emocional e estético nos serviços interpessoais: a problemática | 29

Como já se fez referência, as teorias feministas que analisaram a divisão sexual do trabalho, no contexto da Sociologia da década de 1970, destacaram o sistema patriarcal e/ou o sistema capitalista enquanto estruturas de opressão e de subordinação das mulheres na esfera pública e/ou no domínio privado (e.g. Delphy, 1977; Hartmann, 1979; Walby, 1986; 1990; 1997; para um maior desenvolvimento veja-se e.g. Ferreira, 1996, 2003; Casaca, 2005). Desde os anos de 1980, no que diz respeito à vida económica, organizacional e laboral em particular, a lente feminista tem vindo a sublinhar a dimensão não neutra, *gendered,* da organização económica, da estrutura socioprofissional, das identidades individuais, do funcionamento das empresas e das organizações em geral – incluindo as suas estruturas, interações e relações sociais, a divisão do trabalho, as políticas e práticas de gestão de recursos humanos, os símbolos, as imagens, as regras e os valores veiculados (e.g. Acker, 1990, 1999; Cockburn, 1991; Bradley, 1998; Jenson, 1998; Britton, 2000).

Assiste-se, a partir de então, a um período de viragem que se demarca pela afirmação de uma linha de pensamento pós-estruturalista, no âmbito da qual passam a ser comuns temas relativos a cultura, identidade, sexualidade, emoções, poder, *performance* e *embodiment* (e.g. Butler, 1990, Ferreira, 1996, 2003; Adkins e Lury, 1999; Witz, 1999; Nogueira, 2001; para um maior desenvolvimento, veja-se Ferreira, 1996, 1999b, 2003). No quadro da sociologia do trabalho e do emprego, Adkins e Lury (1999) refletiram sobre a crescente *estetização* das várias esferas da vida em sociedade, tendo então recorrido ao conceito de *trabalho de identidade (labour identity)* para descrever a dimensão performativa do trabalho, mobilizadora da subjetividade, da autoidentidade e do corpo.[27] Aludiram também ao facto de o *trabalho de identidade*

---

da sua classe sexual. Todavia, West e Zimmerman (1987) entendem que Goffman se centra no conceito de género enquanto papel social, perdendo de vista que se trata de uma atividade quotidiana, passível de ser negociada, reformulada e alterada.

[27] Como já mencionámos, esta dimensão tem também sido desenvolvida por Butler (1990), embora numa perspetiva de desconstrução. Assim, no que diz respeito ao género em particular, a autora iguala-o a uma paródia ou a uma mera

30 | Trabalho Emocional e Trabalho Estético: Na Economia dos Serviços

estar profundamente ligado às ideologias de género, sustentando o fenómeno de segregação sexual. As identidades *gendered* e a produção do género no processo de trabalho (*gendering of the labour process*) reconstroem-se e reforçam-se reciprocamente a partir de um processo de interligação profunda (1999: 600). Uma visão próxima é sustentada por Virgínia Ferreira, que defende igualmente que as identidades subjetivas masculinas e femininas refletem-se e são constituídas no contexto de trabalho (1996: 112). O conceito de *identidade sexuada* assume, assim, particular relevo enquanto instância mediadora entre as estruturas sociais e as ações individuais. À luz de uma perspetiva que se situa no *construtivismo moderado*, esta autora sublinha que os processos de construção de identidade, tal como as relações sociais de sexo, apesar de serem dinâmicos, não ocorrem à margem das condições que estruturam as desigualdades entre os sexos. Inspirando-se no pensamento de Chris Shilling, subscreve a "afirmação (...) de que as insuficiências do construtivismo merecem bem que a sociologia corra o risco de soar essencialista" (Ferreira, 2003: 158) (veja-se e.g. Acker, 1990; Amâncio, 1992, 1993, 1994; Bradley, 2000 [1996]; Santos, 2010).

1.3.2. *Acerca das experiências de trabalho e suas consequências: as interpretações deterministas*

De acordo com algumas perspetivas críticas, as emoções constituem uma dimensão fundamental do trabalho prestado pelos/as profissionais dos serviços interpessoais. O trabalho que envolve contacto direto com consumidores/as (*front-line service work*) regista, em geral, características próximas às de um novo proletariado – o proletariado emocional (Macdonald e Sirianni, 1996). Esta linha de

---

representação *performativa*. Nenhum ser humano é *essencialmente* masculino ou *essencialmente* feminino. As identidades de género e os desejos sexuais emergem e alteram-se continuamente por via das práticas e dos discursos. Sucessivamente, vão ocorrendo diferentes identificações que perfazem uma narrativa subjetiva fragmentada – "(...) o sexo é sempre género, e não existe corpo sexuado para lá da narrativa do género" (*ibidem*:145, tradução livre).

raciocínio inspira-se, em parte, no estudo de Hochschild (1983). Para esta socióloga, como previamente referido, trabalhadores e trabalhadoras são selecionadas, formadas e controladas de modo a regular e reprimir as suas emoções genuínas (privadas) e, assim, corresponder à expressão emocional (e/ou aparência estética) desejada e prescrita pela administração/gestão. As organizações capitalistas apropriam-se, assim, das emoções íntimas, desapossando o ser humano das mesmas. A "comercialização dos sentimentos" – subtítulo da sua obra – espelha, portanto, a visão de que as emoções têm valor de troca (*exchange value*) na "economia das interações" (cf., Tolich, 1993: 377). Para os/as autores/as alinhados/as neste pensamento mais crítico, o trabalho emocional e estético representa a mercantilização das emoções e dos corpos. Enquanto a força de trabalho é sujeita a um processo de destituição da autonomia e do controlo sobre a sua própria expressão emocional e corporal, as organizações capitalistas lucram com a respetiva apropriação (e.g. Hochschild, 1983; Tyler e Abbott, 1998).

Inspirada no conceito de alienação, de raiz marxista, no de dissonância cognitiva, herdado da psicologia, e nos contributos do interacionismo simbólico, de Goffman, Hochschild (1983) refere-se à possibilidade de dissonância emotiva quando as trabalhadoras e os trabalhadores são forçados a exprimir publicamente emoções (entusiasmo, empatia, amabilidade...) que não são consonantes com os seus sentimentos mais íntimos e genuínos. Nestas circunstâncias, pode ter lugar um processo de autoestranhamento (*self- -estrangement*), inautenticidade (*unauthenticity*) ou angústia (*distress*), que pode redundar em alienação e despersonalização (*loss of the self*). Esta última situação pode ocorrer quando a atuação é profunda (*deep acting*), implicando um nível elevado de complacência com o quadro normativo organizacional; ou seja, os trabalhadores e as trabalhadoras mobilizam um esforço (*effort*) intenso no sentido da transformação dos seus sentimentos mais genuínos/ /íntimos e da adequação às normas organizacionais e profissionais vigentes (Hochschild refere-se mesmo a um processo de transmutação). Esta forma de atuação distingue-se, assim, daquela que ocorre num registo superficial (*surface acting*), sendo que, neste caso, há uma distinção entre o que se sente e o que se aparenta sentir, preservando-se as emoções mais privadas e as disposições que conferem identidade e personalidade; nestas circunstâncias, "o corpo, e não a alma, é o principal instrumento de troca" (Hochschild, 1983: 37).

São conhecidos outros estudos que têm igualmente colocado a tónica nas implicações negativas do trabalho emocional, associando-as a uma degradação das relações de trabalho e do bem-estar psicológico das pessoas trabalhadoras (cf. Sloan, 2008; Sayers e Monin, 2009). A disciplina exercida sobre as emoções é considerada, em alguns casos, como uma forma de violência simbólica (cf., Kupers e Weibler, 2008: 264). A dimensão penosa do trabalho prende-se ainda com a interação tensional com certos/as clientes/utentes – as designadas "relações tóxicas". Dada a dimensão triangular que caracteriza os serviços interpessoais, o trabalho envolve uma dupla relação de subordinação: aquela que decorre da subjugação aos interesses do capital (e às normas impostas pela gestão das empresas) e a que é imprimida pela ideologia da soberania dos/as consumidores/as (imperativo de que o/a cliente é rei na expressão da sua vontade ou palavra) (cf. Korczyinski, 2009: 73). Seguindo a tese da degradação generalizada das condições de trabalho (Braverman, 1977 [1974]), encontramos aqui as exposições acerca da "mcdonaldização do trabalho", cujo argumento é o de que na nova economia dos serviços[28] proliferam os trabalhos *fastfood* (*mcjobs*), rotineiros e monótonos, com salários de miséria, pouco qualificados, sem oportunidades de crescimento profissional e com condições de trabalho degradadas. Aquele conceito procura realçar o facto de as pessoas, o trabalho, as organizações e as sociedades estarem a perder os seus conteúdos distintivos. O trabalho do nada, segundo esta perspetiva, tem vindo a generalizar-se em simultâneo com a supremacia dos critérios de racionalização e estandardização, da rotina e dos múltiplos mecanismos de con-

---

[28] Expressão original dos autores.

Trabalho emocional e estético nos serviços interpessoais: a problemática | 33

trolo (mais difusos e intrusivos) que agora recaem também sobre o modo como as pessoas sentem e se veem. A desqualificação, a alienação e a despersonalização (processo segundo o qual "people turn into non-people") são, por conseguinte, consequências inevitáveis num enquadramento marcado pela "globalização do nada" (*globalization of nothing*) (Ritzer e Lair, 2009: 32).

Um dos segmentos que mais tem sido evocado como emblemático do "trabalho do nada" é o dos *call centres* (Ritzer e Lair, 2009: 37), onde as interações são reguladas por elevados níveis de racionalização, guiões de interação (*scripted interactions*) e vários instrumentos de controlo, a par da execução de tarefas monótonas, simples, repetitivas e de um processo de trabalho empobrecedor e alienante (veja-se o capítulo 3). A este propósito, tem sido usada a imagem de fábrica moderna (e.g., Bono, 2000, 2005; Buscatto, 2002), capaz de conjugar os princípios tayloristas de organização do trabalho com a inovação tecnológica, a flexibilidade da mão-de-obra e a ênfase na gestão pela qualidade total, numa lógica organizativa assente no taylorismo informatizado.[29] Assim sendo, os trabalhadores e as trabalhadoras estão subordinadas a um contexto de elevada vigilância eletrónica, próximo de um ambiente orwelliano marcado pelo culto do "big brother" (Fernie e Metcalf, 1998: 21).

Por outro lado, as perspetivas otimistas associam o desenvolvimento do setor dos serviços à criação de mais e melhores oportunidades de emprego, à centralidade do conhecimento (visto como o novo princípio axial das sociedades pós-industriais), à generalização de profissionais qualificados, orientados para a identificação e resolução de problemas complexos e para o exercício da criatividade e da capacidade de iniciativa (e.g. Bell, 1977). É evocada a melhoria das condições de trabalho e a generalização de contextos pós-tayloristas assentes na desburocratização, na descentralização do poder e do controlo, em estruturas hierárquicas flexíveis, assim

---

[29] Delbridge e Turnbull (1992, *apud* Casaca, 1995), designadamente, referem-se aos métodos de gestão pela qualidade total (muito em voga) como meios de alcançar uma gestão pelo controlo total.

como em trabalho qualificado, autónomo, enriquecido e organizado em equipas multiqualificadas e polivalentes (para um maior desenvolvimento, veja-se e.g. Casaca, 2006a; Macdonald e Sirianni, 1996; Kovács e Casaca, 2008). Esta leitura é transposta para os domínios laborais onde prevalece o contacto direto com clientes, dada a importância da prestação de serviços de elevada qualidade, individualizados e personalizados (Frenkel *et al.*, 1998). Entende-se que, nestas circunstâncias, o trabalho emocional e o trabalho estético são fenómenos experienciados como agradáveis, prazerosos, geradores de sociabilidade, satisfação e realização individual (Wouters, 1989, apud Williams, 2003: 514).

Para os/as autores/as que se centram na ascensão da "economia cultural", essas dimensões do trabalho favorecem o desenvolvimento de uma autoimagem positiva, bem como novas formas de trabalho geradoras de significados culturais semelhantes àqueles permitidos por via do consumo (du Gay, 1996 apud Wolkowitz, 2006: 71). Num registo não muito distante, os/as teóricos/ /as da sociedade do consumo defendem que, relativamente à era industrial e moderna, o trabalho prestado na sociedade do consumo da estética adquire comunicabilidade, harmonia e integração (Bauman, 1998: 30). Na senda do pós-modernismo e do pós-estruturalismo, Zygmunt Bauman (1998) sublinha que o trabalho perdeu a sua centralidade em benefício da esfera do consumo, mas – tal como outras atividades – encontra-se agora particularmente sujeito ao escrutínio estético, valorizando-se a sua capacidade para gerar satisfação intrínseca, sensações e experiências prazerosas (*ibidem*: 32).[30] O trabalho desprovido de estética não

---

[30] Não se pretende aqui estender o debate teórico a este propósito. No entanto, cabe referir que Bauman (1998), designadamente, tal como outros autores e autoras inspiradas nas teorias pós-estruturalistas e pós-modernistas, têm enfatizado a passagem de uma era centrada na ética do trabalho (sociedade industrial) para uma sociedade pós-moderna e do consumo (e do consumo da estética). A este respeito, o nosso alinhamento faz-se com as perspetivas que entendem que, não obstante a relevância da esfera do consumo na sociedade contemporânea e a flexibilização e precarização da relação laboral, mantém-se a centralidade da esfera produtiva e do trabalho remunerado na estruturação

tem valor, está condenado a ser pouco reconhecido, monótono, desinteressante e aborrecido, ou pode mesmo não ter qualquer préstimo para as organizações contemporâneas. Por outro lado, o capital estético eleva a distinção na hierarquia das profissões. Não basta, assim, deter um elevado capital escolar; as pessoas que ocupam o topo das organizações, que beneficiam de empregos interessantes, estimulantes e gratificantes, distinguem-se também pela sua sofisticação e bom gosto (*ibidem*: 33).

Para Baudrillard, a relação de serviço interpessoal assente na solicitude é perpassada por um " (...) modelo de simulação de reciprocidade ausente. Não se trata de dissimulação mas de simulação funcional" (1995: 174). Ou seja, o sorriso exibido não é sincero nem cínico; antes obedece a uma relação humana "funcionalizada" (*ibidem*: 175). Alan Bryman (2009)[31] reconhece também que as pessoas a quem é requerido trabalho emocional tendem a aceitá-lo enquanto parte integrante das suas funções profissionais. A partir de dimensões inspiradas na teoria pós-modernista, o autor propõe-se analisar as alterações verificadas no plano do consumo e das organizações que prestam atividade no setor dos serviços. A dimensão emocional é então enquadrada no atual contexto de "disneyização do trabalho" (*disneyzation of work*) e de "disneyização" da sociedade em geral (2009: 56-67). No seu entender, este cenário traduz a constatação que os princípios inerentes aos parques temáticos da Disney estão a dominar os vários setores das

---

de identidades individuais. Este argumento tem sido, por exemplo, enfatizado pelas teorias do processo de trabalho (LPT – *Labor Process Theories*). Assim, contrariamente às teses pós-modernistas que relevam a esfera do consumo no quadro de uma nova sociedade capitalista, os/as teóricos/as do *processo de trabalho* sublinham a importância da esfera produtiva, do trabalho (*labour power*) e do processo de trabalho, seja no processo de acumulação de capital no quadro da sociedade contemporânea, seja enquanto fonte de estruturação das identidades e da estratificação social (Warhurst, Thompson e Nickson, 2009). Além disso, como refere Pettinger, a divisão entre produção e consumo descura a complexidade de interações entre os dois domínios; os/as consumidores/as são trabalhadores/as em momentos diferentes (e vice-versa), além de que o consumo decorre da produção e a produção está dependente do consumo (2004: 168).

[31] O autor reedita aqui o artigo publicado em 1999.

36 | Trabalho Emocional e Trabalho Estético: Na Economia dos Serviços

economias e das sociedades contemporâneas (*ibidem*: 53). Trata-se de um panorama ancorado em quatro tendências: (1) tematização (*theming*) – cada vez mais, diversas áreas de atividade, espaços comerciais e os respetivos ambientes são temáticos, com os/as trabalhadores/as a apresentarem-se vestidos e adornados de acordo com o tema predefinido; (2) "desdiferenciação" (*dedifferentiation of consumption*) – relaciona-se com a crescente hibridação do consumo, como pode ser confirmado, por exemplo, quando certos espaços comerciais oferecem atividades culturais e de lazer; 3) *merchandising* – compreende as atividades de promoção de bens e serviços por via de logótipos e imagens corporativas; 4) e trabalho emocional (*emotional labour*) – refere-se às exibições emocionais frequentemente requeridas aos/às trabalhadores/as que prestam diretamente serviços ao público (*front-line service workers*).

1.3.3. *As leituras não deterministas*

Embora ambas as perspetivas, tanto a mais crítica como a otimista, enriqueçam significativamente o debate em torno do trabalho nos serviços interpessoais, a verdade é que tendem a subestimar a complexidade e a diversidade de situações e experiências laborais. São vários os estudos que alertam para a não linearidade daqueles argumentos, realçando a multidimensionalidade do trabalho emocional e do trabalho estético, bem como a necessidade de ponderar algumas variáveis moderadoras – e.g. modelos organizacionais, estatuto socioprofissional, posição hierárquica, características das interações (forma, duração, frequência e variedade), grau de prescrição ou de autonomia laboral, além das próprias características individuais dos trabalhadores e das trabalhadoras (e.g. Asforth e Humphrey, 1993; Morris e Feldman, 1996; Abiala, 1999; Macdonald e Sirianni, 1996; Casaca, 2006; Kovács e Casaca, 2008; Sloan, 2008; Wharton, 2009; Casaca, 2012a/no prelo).

Kristina Abiala (1999) dá conta da heterogeneidade de profissões dos serviços interpessoais, a partir de uma tipologia que reúne quatro categorias: (1) o grupo profissional que detém qualificações técnicas específicas, orientadas para o atendimento ao público; neste caso, a exibição de emoções positivas é secundarizada em função da qualidade do serviço técnico prestado; (2) o segmento que presta serviços personalizados, integrando, por exemplo, empregados/as de mesa e cabeleireiros/as (trata-se de um segmento particularmente feminizado, onde os traços de personalidade, as competências sociais/relacionais e a aparência física assumem particular relevância); (3) os/as profissionais/as dos serviços de venda rotineiros (e.g. operadores/as de caixa de supermercado, por exemplo), para quem a frequência de contacto com os/as clientes é elevada, embora a duração das interações seja curta, muito regulada e controlada (veja-se também Casaca, 2012a/no prelo); e (4) o grupo daqueles/as que prestam serviços de venda persuasivos (um segmento maioritariamente masculino onde a assertividade e, até, alguma agressividade na abordagem com o público é requerida) (veja-se também Leidner, 1993). A partir daqui, a autora constatou a existência de diferentes tipos de interação, de regulação das emoções e de aparência física, além de perceções e experiências diversas de trabalho emocional. As vivências são menos gratificantes, por exemplo, quando as interações são frequentes e a regulação das emoções é intensa, ou quando os trabalhadores e as trabalhadoras percecionam que a sua contratação se deveu a traços de personalidade e/ou à aparência exterior, em detrimento de conhecimentos técnicos e profissionais (Abiala, 1999: 221).

Morris e Feldman procuraram, já em 1996, contrariar a visão do trabalho emocional como sinónimo de uma experiência única e avassaladora. Seguindo um modelo analítico interacionista, argumentaram que a força de trabalho nunca se encontra completamente controlada e destituída de poder no processo de gestão das emoções. O trabalho emocional foi então conceptualizado a partir de quatro dimensões: 1) a frequência da exibição emocional (quanto mais frequente a necessidade de exibir as emoções desejadas ou prescritas pelas empresas, maior o esforço/trabalho emocional); 2) a duração, a intensidade das interações e a necessidade de concentração nas regras estipuladas (quanto maior a duração e maior a intensidade das interações, maior é a concentração exigida em relação às regras organizacionais e, por sua vez, também mais intenso o esforço/trabalho emocional); 3) a variedade das emoções requeridas (quanto mais ampla a variedade de emoções mobilizadas no exercício da profissão, maior o esforço/trabalho emocional); e 4) a dissonância emocional gerada pela discrepância entre as emoções expressas (desejadas e estipuladas pela organização) e as emoções genuinamente sentidas (portanto, quanto maior a dissonância, maior também o esforço emocional). Além desta conceptualização, os autores chamaram a atenção para a análise de características inerentes à organização do trabalho, que podem ser vistas como "antecedentes do trabalho emocional" mas que influem na vivência do mesmo, a saber: o grau de explicitação das regras de exibição das emoções (*display rules*), integrando os mecanismos de socialização e todos os recursos utilizados pelas organizações para a estandardização das expressões emocionais; o grau de monitorização e de controlo exercido sobre as emoções exibidas; o grau de rotina da tarefa (*routiness of task*); a variedade da tarefa (*task variety*); o estatuto e o poder do/a recipiente do serviço; a forma de interação (o comportamento não-verbal é mais difícil de regular que o verbal, pelo que as interações face a face tendem a ser particularmente monitorizadas e controladas); o grau de autonomia (*job autonomy*); e as características pessoais relacionadas com a expressão das emoções (*affectivity*).

Asforth e Humphrey, no início dos anos 1990, enfatizaram a relativa margem de autonomia detida pelos/as trabalhadores/as, mesmo em contextos organizacionais muito regulados. A este propósito, sustentaram a tese de que a força de trabalho tende a acionar mecanismos de defesa que permitem o alívio emocional perante fortes pressões e/ou relações interpessoais tensas e difíceis[32] (veja-se também Leidner, 1991, 1993; Korczynski, 2003; 2009). Entendendo que Hochschild segue uma visão "excessivamente dramatúrgica" sobre o trabalho inerente aos serviços interpessoais (Asforth e Humphrey, 1993: 90), os autores consideram a possibilidade de as emoções publicamente exibidas serem espontâneas e genuinamente sentidas (tese retomada por Bolton, 2005, 2006). O trabalho emocional é visto como uma arma de dois gumes (*a double-edged sword*). Por um lado, as regras de exibição das emoções (*display rules*) podem ser tranquilizantes e percecionadas como um meio de suporte à gestão de relações interpessoais mais difíceis e desagradáveis, ajudando ao distanciamento emocional em relação à situação concreta (1993: 94-95).[33] Mas, por outro, a regulação pode conduzir a um estado de dissonância emocional que degrade a autoestima, gere depressão e promova a alienação.

Rafaeli e Sutton (1987: 31) já haviam argumentado que o normativo empresarial pode funcionar como um escudo de proteção dos trabalhadores e das trabalhadoras. Leidner (1991, 1993) avança também com conclusões semelhantes a propósito da investigação sobre o trabalho em cadeias alimentares de *fastfood* e no domínio da comercialização de seguros. Em relação à rigidez das regras impostas pela gestão, as pessoas entrevistadas tanto demonstraram ressentimento como reconhecimento – considerando-se, neste último caso, mais protegidas de comportamentos abusivos da parte de consumidores/as e mais seguras na gestão dos mesmos. Ainda, no caso de alguns agentes de seguros[34], as regras eram vistas como

---

[32] Estas situações, por força do esforço emocional requerido, têm sido objeto de análise em vários estudos (e.g. Hochschild, 1983; Williams, 2003). Claire Williams (2003), por exemplo, refere-se a *demanding publics* para descrever as transgressões às barreiras que deveriam delimitar a interação entre a pessoa cliente e a prestadora do serviço (desvios que estão na origem de comportamentos abusivos e agressivos infligidos pela primeira em relação à segunda).

[33] Citando van Maanen e Kunda, Asforth e Humphrey (1993: 97) referem que as regras estipuladas pela gestão permitem que a força de trabalho acione um mecanismo do tipo "piloto automático" e experience um estado de *adormecimento* (*emotional numbness*) que a protege de exaustação emocional.

[34] Profissão socialmente construída como masculina em função das representações simbólicas associadas ao género masculino (agressividade, assertividade, capacidade de persuasão...) (Leidner, 1991, 1993).

40 | Trabalho Emocional e Trabalho Estético: Na Economia dos Serviços

potenciadoras da sua autoconfiança e de uma maior afirmação de poder nas interações tidas com os/as clientes, possibilitando uma maximização das comissões de venda.

Este raciocínio tem sido desenvolvido por outros/as autores/ as que entendem que as normas nunca são completamente intrusivas e não esvaziam a margem de autonomia dos/as profissionais em questão. Neste sentido, sendo agentes nos encontros dos serviços (*service encounters*), os trabalhadores e as trabalhadoras podem exprimir o seu autêntico *self*, num processo de personalização que promove o próprio bem-estar individual. Bebendo dos contributos das perspetivas pós-estruturalistas e construtivistas, Fineman (2003, 2008) recorre a uma metáfora dramatúrgica para se referir às organizações e aos contextos de trabalho enquanto arenas de emoções, colocando a tónica na agência – i.e., no papel ativo que as pessoas trabalhadoras podem ter na moldagem e reconstrução do normativo emocional. Esta abordagem apela à integração de uma análise centrada num plano micro, assumindo que as relações e interações estão imbuídas de significados e de interpretações, de relações de poder, de expressões de solidariedade, conflito e resistência. Nestas arenas, as emoções são um recurso que cada indivíduo pode mobilizar para suster, reforçar, desafiar, contrariar ou mesmo inverter a ordem estabelecida (e.g. Fineman, 2008:4; veja--se também e.g. Rafaeli, 1989; Taylor e Bain, 1999; Bain e Taylor, 2000; Taylor e Tyler, 2000; Bolton, 2005, 2006; Forseth, 2005; Sloan, 2008; Korczynski, 2003, 2009; Haman e Putnam, 2008; Warhurst, Thompson e Nickson, 2009; Wharton, 2009).

Recuperando o raciocínio de Asforth e Humphrey (1993) sobre os mecanismos de defesa que, à margem da organização formal, permitem aos trabalhadores e às trabalhadoras beneficiar de algum fôlego emocional em circunstâncias particularmente tensas e difíceis, Sharon Bolton (2005) vem sublinhar a possibilidade de coexistirem diferentes zonas emocionais na vida organizacional, desde uma mais regulada e prescrita pela organização até uma zona onde as emoções privadas podem ter expressão. Marek Korczynski (2003, 2009) realça também esta dualidade: mesmo

Trabalho emocional e estético nos serviços interpessoais: a problemática | 41

nos espaços profissionais mais sujeitos ao normativo emocional, há lugar para a criação e sustentação de laços informais entre os/as trabalhadores/as – são as designadas comunidades de apoio (*communities of coping*) criadas e desenvolvidas entre colegas de trabalho. Ainda, como retomaremos, há também espaço para o desenvolvimento de relações de espontaneidade com os/as clientes (Korczynski, 2009: 84-85). Korczynski é um dos autores que mais tem refletido sobre a temática do trabalho emocional. A seu ver, as perspetivas deterministas previamente esboçadas (a otimista e a crítica) pecam por descurar a natureza ambígua e contraditória inerente ao trabalho no setor dos serviços interpessoais, onde prazer e dor (*pleasure and pain*) são estados frequentemente experienciados pelos/as profissionais que desenvolvem trabalho emocional. Os/as consumidores/as, designadamente, tendem a ser vistos/as tanto como amigos/as ou inimigos/as (*our friend, our enemy*)[35], e as relações interpessoais tanto permitem sentimentos de tensão/stresse como de satisfação (Korczynski, 2009). Ao invés de Hochschild (1983), o autor salienta que as relações interpessoais não são encaradas pela população trabalhadora como meramente instrumentais, determinadas pela recompensa económica inerente à prestação de trabalho assalariado; em contraponto, são comuns as situações em que o beneficiário ou a beneficiária do serviço é visto/a muito mais na qualidade de pessoa do que como cliente.

No mesmo timbre, para Sharon Bolton (2005, 2006) a expressão das emoções não é apenas determinada pelas recompensas monetárias (tal como sugerido por Hochschild), sendo possível identificar outros tipos de motivação. Deste modo, além da dimensão estritamente pecuniária (ao abrigo da qual a população trabalhadora exibe as emoções estipuladas pelas empresas de modo a assegurar a sua subsistência económica), há a considerar a possibilidade de a motivação ser prescritiva (*prescriptive*). Nestas situações, os indivíduos procuram obter, manter e/ou desenvolver o seu

---

[35] O autor (2009: 75) cita, com esta expressão, uma frase de Benson que procura realçar a natureza contraditória da relação entre trabalhadores/as e clientes de um armazém comercial.

estatuto profissional; o desempenho emocional tende a ser mais genuíno (*deep acting*), pois entende-se que o quadro normativo é congruente com a própria identidade profissional. Consequentemente, o bem-estar psicológico dos/as trabalhadores/as pode não ser negativamente afetado, ao invés do que sucede com o tipo de motivação precedente (onde é mais frequente a dissonância emocional). Acresce que pode também ser observada a motivação apresentacional (*presentational*); nestes casos, as emoções são geridas em função da conformidade com as regras sociais mais vastas, e não necessariamente com as normas prescritas pelas organizações em particular[36]. Por fim, o trabalho emocional pode ser vivenciado como uma dádiva que se concede a outrem – o beneficiário ou a beneficiária do serviço prestado. Trata-se portanto de uma motivação filantrópica[37], que corresponde à forma mais profunda de atuação. Exprime uma versão de trabalho emocional mais altruísta e, também, mais propiciadora de satisfação e realização individual.

Esta socióloga segue uma abordagem multidimensional sobre o fenómeno do trabalho emocional, partindo de um cruzamento entre as influências do interacionismo simbólico de Goffman (enfoque na minúcia das interações sociais, nos indivíduos enquanto atores, nas suas atuações e rituais no quotidiano laboral) e as teorias do processo de trabalho. No seguimento destas últimas teorias (LPT – *Labor Process Theories*), a autora defende que o trabalho emocional está longe de ser vivenciado como uma experiência monolítica. Assim, pese embora os constrangimentos estruturais inerentes ao desenvolvimento e dinâmicas da economia capitalista – ao processo de trabalho que aqui tem lugar e às estratégias de gestão orientadas para o controlo e maximização de mais-valias

---

[36] Neste sentido, seguindo o raciocínio de Hochschild, poderíamos argumentar que se trata de *emotional work* mas não de *emotional labour*. De notar que Tolich (1993: 377) já tinha defendido que as emoções não têm só valor de troca (*exchange value*), mas também valor de uso (*use value*).

[37] Hochschild (1983) dedica um capítulo a esta dimensão "Paying respect with feelings – the gift Exchange" (páginas: 76-86), mas integra-o no domínio da vida privada.

Trabalho emocional e estético nos serviços interpessoais: a problemática | 43

−[38], os/as trabalhadores/as são agentes na gestão das suas emoções, ajustando-as à respetiva avaliação e perceção das situações concretas. Por mais regulado que seja o trabalho emocional (*scripted emotional labour*), há uma margem para a negociação do esforço emocional (*emotional effort bargain*)[39]. O controlo exercido pela gestão nunca é absolutamente totalitário, nem pressupõe a anulação da identidade ou a despersonalização; os indivíduos estão sempre envolvidos por uma orla de autonomia que lhes permite resistir, dar expressão ao conflito ou produzir o consenso (veja-se e.g. Burawoy, 1979; Thompson, 1989; Callaghan e Thompson, 2002).

Robin Leidner (1991, 1993) realça que a autonomia individual decorre da relação triangular que caracteriza os próprios serviços interpessoais – ou seja, a tríade gestores/as-trabalhadores/as-consumidores/as. Esta molda a natureza e o processo de trabalho,

---

[38] À luz das LPT, os mecanismos de controlo são vistos como a forma encontrada pelo capital para reduzir a margem de incerteza e proceder à intensificação do trabalho. No âmbito dos serviços interpessoais, a regulação das emoções enquadra-se numa nova estratégia de gestão que extravasa o mero controlo técnico e burocrático e compreende os vários mecanismos de controlo normativo (Edwards, 1979). Procura-se, por esta via, uma utilização mais intensiva da força de trabalho, através da integração das dimensões emocional e estética (Warhurst, Thompson e Nickson, 2009).

[39] Para alguns autores da LPT, o trabalho emocional constitui, ainda assim, uma dimensão pouco visível e contestada do processo de trabalho (*a hidden and contested dimension of the labour process* (Warhurst, Thompson e Nickson, 2009: 102; veja-se também e.g. Leidner, 1993; Taylor e Bain, 1999; Bain e Taylor, 2000). Hochschild antevê também uma certa margem de autonomia quando refere que a expressão pública das emoções tanto pode corresponder a uma atuação profunda como superficial (*deep or surface acting*) (cf., Warhurst, Thompson e Nickson, 2009). Como vimos, a atuação superficial significa que são exibidas emoções que não sentidas (aquelas genuinamente sentidas são preservadas); no segundo caso (*deep acting*), as pessoas sentem necessidade de alterar as suas emoções privadas de modo a acomodar e interiorizar as regras organizacionais (*display rules*). Para Rafaeli e Sutton (1987: 32), a atuação superficial pressupõe uma simulação das emoções exibidas e pode decorrer do facto de o/a trabalhador/a entender que essa exibição não deveria fazer parte das funções profissionais que lhe estão atribuídas (*"faking in bad faith"*). Outras pessoas, porém, simulam as emoções mas pensam que as mesmas são apropriadas ao exercício da profissão (*"faking in good faith"*). Esta situação é a mais perniciosa para o bem-estar individual, pois o esforço para ocultar as emoções mais genuínas é maior (veja-se também Asforth e Humphrey, 1993).

44 | Trabalho Emocional e Trabalho Estético: Na Economia dos Serviços

introduzindo tensões, ambivalências e contradições. Korczynski (2009) tem vindo a também desenvolver esta linha de argumentação, enfatizando a tensão existente entre a tónica na qualidade, na satisfação do/a cliente e na gestão dos aspetos relacionais (não racionais), por um lado, e a centragem nos objetivos quantitativos, na maximização da eficiência e da produtividade, na burocratização e na racionalização, por outro. Esta orientação dual é rotulada pelo autor de modelo de burocracia orientada para o/a consumidor (*customer oriented bureaucracy*) e pode resumir-se assim:

QUADRO 1.1 – Modelo de burocracia orientada para o/a consumidor/a

Organização do trabalho/Dimensões	Lógica de orientação para o/a consumidor/a	Lógica burocrática
Princípios de organização dominantes	Orientação para os aspetos não-racionais	Racionalização
Processo de trabalho	Orientado para a qualidade	Orientado para a quantidade
Base da divisão do trabalho	Relação com o/a consumidor/a	Eficiência na realização das tarefas
Base da autoridade	Normas relacionadas com o/a consumidor/a (máxima: soberania da pessoa cliente)	Regras legais/formais
Meios, fins e emoções	Ênfase no/a consumidor/a (principal fim da ação)	Ênfase na eficiência dos meios
Papel da gestão	Criar e manter a ordem a ordem social (frágil) que permite a obtenção de lucro	

Fonte: Adaptado de Korczynski (2009: 79)

Esta ambivalência tende, por sua vez, a estar refletida nas experiências individuais do trabalho dos serviços interpessoais, que tanto pode ser vivenciado como gratificante ou doloroso (Korczynski, 2009), como propiciador de satisfação ou como indutor de desgaste emocional.

A nossa investigação procurou examinar o eco dos diversos argumentos aqui reunidos, concentrando-se em algumas profissões dos serviços interpessoais. É sobre esta análise e a respetiva discussão que incidem os próximos capítulos.

2.
Trabalho emocional e estético
nos serviços interpessoais

com a colaboração de TÂNIA CARDOSO[40]

2.1. Introdução

O setor dos serviços é atualmente aquele que mais força de trabalho reúne no nosso país (61,4% em 2010), sendo que 51,1% dos homens e 73,1% das mulheres empregadas desenvolvem ali a sua atividade profissional (INE, 2011). No caso das mulheres, é de assinalar a sua sobre-representação nos serviços sociais e pessoais (e.g. Ferreira, 1993; Perista e Chagas Lopes, 1996; André, 1999; Casaca, 2005; CIG, 2011, CITE, 2011). O desenvolvimento do setor, embora mais lento e tardio do que naqueles países que mais cedo experimentaram o processo de terciarização (Machado e Costa, 1998), tem dado lugar ao surgimento de novas profissões (e/ou à reconfiguração dos conteúdos funcionais), bem como a alterações nos atributos e competências requeridas às pessoas trabalhadoras (veja-se também o capítulo precedente). O Quadro 2.1. sintetiza os vários segmentos de atividade, realçando (a negrito) aqueles que foram selecionados no âmbito da nossa investigação.

---

[40] Tânia Cardoso é Licenciada em Sociologia (ISCTE-IUL). Realizou uma Pós-graduação em Análise de Dados em Ciências Sociais (ISCTE-IUL). Tem colaborado, desde 2005, em vários projetos de investigação científica na área da Sociologia do Trabalho no CIES-ISCTE e no SOCIUS/ISEG-UTL. Atualmente é Bolseira de Investigação Científica do CIES-ISCTE.

46 | Trabalho Emocional e Trabalho Estético: Na Economia dos Serviços

Quadro 2.1 – Segmentos de atividade do setor dos serviços

Subsetor	Serviços orientados para a produção (J-k)	Serviços distributivos (G-I)	Serviços sociais (L,M,N,Q)	Serviços pessoais (H,O,P)
Atividades	Atividades imobiliárias atividades financeiras e de seguros Atividades informáticas Atividades de I&D Outras atividades prestadas às empresas (serviços jurídicos, publicidade, design, *marketing...*)	Comércio por grosso e a retalho; reparação de veículos automóveis e motociclos. Transportes e armazenagem Atividades postais e de *courier*/ comunicações	Administração pública e defesa Segurança social obrigatória Educação, Saúde e ação/ apoio social Atividades dos organismos internacionais e outras instituições extraterritoriais	**Alojamento, restauração e similares Atividades** artísticas, de espetáculos, **desportivas** e recreativas **Outras atividades de serviços pessoais e sociais;** e agregados domésticos empregadores de pessoal doméstico
Principal consumidor/a	Empresas	Empresas	Famílias/ Indivíduos	Famílias/ Indivíduos
Escolarização/ qualificação da população trabalhadora	Elevado	Misto, sobretudo oscilando entre o médio e o baixo	Misto, oscilando entre muito elevado e baixo	Geralmente muito baixo
Condições de emprego	Remunerações mais favoráveis	Mistas. Fracas condições de trabalho no retalho	Remunerações muito baixas (setor menos remunerado)	Heterogéneas

Fonte: Adaptado de OECD/OCDE (2009: 247)

Procurou-se abranger aqueles domínios que se destinam diretamente a consumidores/as finais (serviços pessoais) e envolvem, portanto, uma relação interpessoal. Ainda que classificados de uma forma agregada – em particular no que se refere à categoria "outros serviços sociais e pessoais" –, estão ali integradas as atividades que, tal como explorado no capítulo precedente, têm originado alguma produção teórica em torno da economia das interações (Johnson, *et al.*, 2005) e da economia estética (Hancock e Tyler, 2008). Atendendo ao enquadramento teórico já traçado, o presente capítulo procura caracterizar as experiências de trabalho

Trabalho emocional e estético nos serviços interpessoais | 47

emocional e de trabalho estético com base num estudo que incidiu sobre profissões dos serviços interpessoais.

2.2. Nota metodológica sobre o projeto de investigação

Tal como referido no texto de apresentação, o projeto que está na base deste capítulo intitulou-se "Mudanças de emprego e relações de género: cruzando quatro eixos de análise (género, classe, idade e etnicidade)". No que diz respeito às etapas de investigação, procedeu-se, em primeiro lugar, a uma análise quantitativa com o objetivo de traçar a situação laboral e profissional das mulheres e dos homens no nosso país[41]. Para o efeito, foram tratados os microdados do Inquérito ao Emprego (IE), entretanto fornecidos pelo Instituto Nacional de Estatística (INE) ao abrigo do protocolo INE/MCTES. A análise recaiu sobre o horizonte temporal compreendido entre 1998 (período que corresponde à última série do IE) e 2007 (ano em que a informação foi solicitada, logo após o início do projeto).

Os dados do IE, disponibilizados regularmente pelo INE sem o requisito de solicitação prévia, continuaram a ser observados no decurso do estudo. Além de ser o período em que, do ponto de vista metodológico, é possível confiar numa leitura diacrónica (por se tratar de dados provenientes da mesma série estatística), procurou-se também ter presente as metas consagradas em sede da Estratégia Europeia de Emprego (EEE). Esta teve início na Cimeira do Luxemburgo de 1997, embora tenha sido no quadro da Cimeira de Lisboa, em 2000, que se procedeu à quantificação dos objetivos a alcançar até 2010 (tema desenvolvido em Casaca, org., *et al.*, 2012b/no prelo). Assim sendo, tendo o contexto europeu como pano de fundo, foram também reunidos e tratados os dados disponibilizados pelo EUROSTAT – *European Union Labour Force Survey* (EU-LFS). De modo a apreender as condições de tra-

---

[41] Tema desenvolvido em Casaca, org., *et al.* (2012b/no prelo).

48 | Trabalho Emocional e Trabalho Estético: Na Economia dos Serviços

balho e as respetivas dinâmicas ao longo do tempo, procedeu-
-se ainda à compilação e análise dos dados disponibilizados pelo
European Working Conditions Survey (EWCS), a cargo da Fundação
Europeia para a Melhoria das Condições de Vida e de Trabalho
(EUROFOUND).[42]

O segundo momento de investigação centrou-se numa análise
fundamentalmente qualitativa, que desenvolvemos no presente
capítulo.[43] Optou-se por entrevistar trabalhadoras e trabalhadores
dos serviços interpessoais onde o trabalho emocional e/ou estético assume um peso importante. Foram selecionadas pessoas que
prestam cuidados no domínio da estética e da beleza, que trabalham na promoção do bem-estar físico (atividades desportivas de
fitness), e que exercem consultoria e serviços diversos de apoio
à imagem individual.[44] Incluímos na amostra também tripulantes de cabine, por se tratar do grupo profissional paradigmático
nas abordagens ao trabalho emocional e estético, na sequência do
estudo seminal desenvolvido por Hochschild (1983). Procurámos
ainda integrar pessoas que exercem profissões ligadas ao setor de
hotelaria e restauração, além de outras tipificadas como assistentes
de eventos em sentido lato. Neste caso, estão incluídos os assistentes de estacionamento e parqueamento (um segmento laboral

---

[42] A informação relativa às exigências emocionais do trabalho está
contemplada no 5º Inquérito (Fifth EWCS, 2010). Foi trabalhada e apresentada
em outros contextos (Casaca, 2011).

[43] Os nossos agradecimentos a Ana Ferreira, Catarina Rodrigues, João
Esteves e Mariana Teixeira por terem colaborado na recolha dos dados e
transcrição de entrevistas.

[44] Carol Wolkowitz (2002, 2006) utiliza o conceito de *body work* para dar
conta da experiência laboral que envolve "o cuidar, adornar, proporcionar prazer,
disciplina ou cura nos corpos de outros/as (Wolkowitz, 2002: 497, tradução livre).
Todavia, além do trabalho corporal que é exercido no consumidor ou consumidora,
a pessoa prestadora do serviço elabora o seu próprio trabalho estético – e
emocional, como explicitaremos. Procura-se, assim, projetar uma apresentação
estética congruente com as expetativas dos/as consumidores/as, os significados
e as representações simbólicas associadas à imagem do grupo profissional em
questão (imaginários em torno do "ideal de beleza") (veja-se também e.g. Gimlin,
1996; Black e Sharma, 2001).

masculino que as empresas prestadoras do serviço designam de *valets parking*) e as hospedeiras de eventos – grupo a que as mesmas empresas tendem a referir-se no feminino. A informação mais pormenorizada consta do Quadro 2.2, apresentado mais à frente.

Foram realizadas entrevistas individuais em profundidade, combinando uma primeira parte semiestruturada e um segundo bloco mais estruturado de questões. No total, no caso dos serviços interpessoais, a amostra é composta de 45 trabalhadores/as, na sua maioria do sexo feminino (32 pessoas – o que equivale a quase três quartos da amostra). Foram ainda entrevistados/as gestores/as de recursos humanos e empregadores/as (sete), assim como delegados sindicais (três).[45] Esta fase de investigação estendeu-se pelo período de um ano, entre 2009 e 2010, centrando-se na área da Grande Lisboa. As pessoas foram selecionadas mediante o método de bola de neve. A marcação do dia e da hora da entrevista, bem como a escolha do local, dependeu da disponibilidade e das preferências dos/as entrevistados/as. Quanto ao contexto da entrevista, foram-nos sugeridos tanto os próprios espaços de trabalho, como uma das salas do centro de investigação – SOCIUS (previamente por nós disponibilizada), ou ainda cafés e esplanadas. A equipa de investigação optou por aceder aos espaços propostos, desde que salvaguardada a privacidade da pessoa em questão e as condições de sonorização para uma correta captação áudio (previamente autorizada). Apesar de ter sido seguido o guião de apoio,

---

[45] Trata-se de um dirigente da Federação dos Sindicatos da Agricultura, Alimentação, Bebidas, Hotelaria e Turismo de Portugal (FESAHT), de um dirigente do Sindicato dos Trabalhadores do Comércio, Escritórios e Serviços (CESP), e de um elemento da direção do Sindicato dos Trabalhadores de Escritório, Comércio, Hotelaria e Serviços (SITESE). Foi ainda analisada a documentação disponibilizada pelo Sindicato Nacional do Pessoal de Voo da Aviação Civil (SNPVAC). Obtivemos resposta positiva por parte do Sindicato dos Profissionais do Penteado Arte e Beleza (SINDPAB), mas já depois do tempo útil dedicado ao trabalho de campo. Foram contactados, via faxe e telefonicamente, os seguintes sindicatos ou associações: Associação dos Cabeleireiros de Portugal, Sindicato dos Fisioterapeutas Portugueses, Sindicato dos Trabalhadores Barbeiros Cabeleireiros e Ofícios Correlativos do Centro e Sul, Sindicato Nacional de Massagistas de Recuperação e de Cinesioterapeutas.

a duração de cada entrevista oscilou entre os 60 e os 90 minutos. Ao longo do texto, os trabalhadores e as trabalhadoras estão identificadas com nomes que não são os reais, de modo a proteger o seu anonimato.

A esta fase de recolha de informação seguiu-se a transcrição das entrevistas (introduzidas no programa informático MaxQda 2010) e a respetiva análise de conteúdo. Foram também examinados vários documentos, nomeadamente manuais de orientação para o serviço de atendimento a clientes, e cerca de 20 *websites* de empresas que centram a sua atividade em serviços de estética, beleza, *fitness,* organização de eventos, consultoria de imagem e apoios afins (serviço de *personal shopper,* por exemplo). Para cumprir este objetivo, foi criada uma grelha de análise que permitiu a sistematização e a comparação da informação recolhida; foram então consideradas duas dimensões: o conteúdo escrito e os aspetos técnicos (e.g. organização da informação, logótipo, música de fundo, cores e infografia – vídeos e fotos).

2.3. Serviços interpessoais e amostra: caracterização

Uma vez filtrada a informação dos microdados disponibilizados pelo INE (Inquérito ao Emprego) em função dos subsetores selecionados (v. Quadro 2.1), é possível verificar que estes apresentam-se claramente mais feminizados: em 2007, as mulheres integravam quase três quartos do total da população trabalhadora (74,6%), enquanto a percentagem de mulheres na população total inquirida (IE-global) era de 52,3%. De notar, também, a tendência no sentido de um reforço da feminização dos subsetores em análise entre 1999 e 2007 (Figura 2.1).

Figura 2. 1 – População abrangida pelo IE (INE), total e dos segmentos selecionados, por sexo

População abrangida pelo IE (INE) (segmentos selecionados)	População abrangida pelo IE (INE) Total
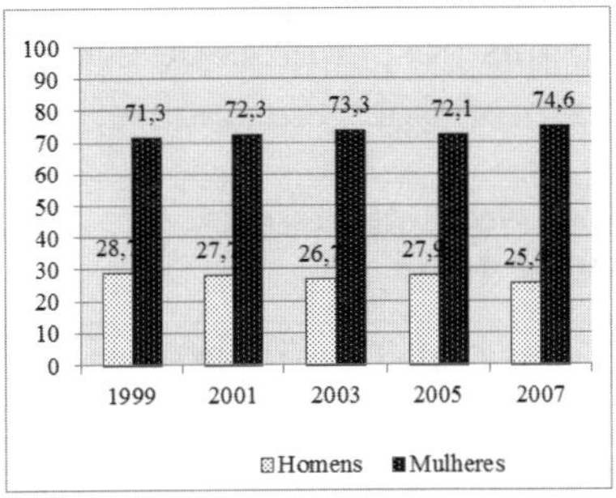	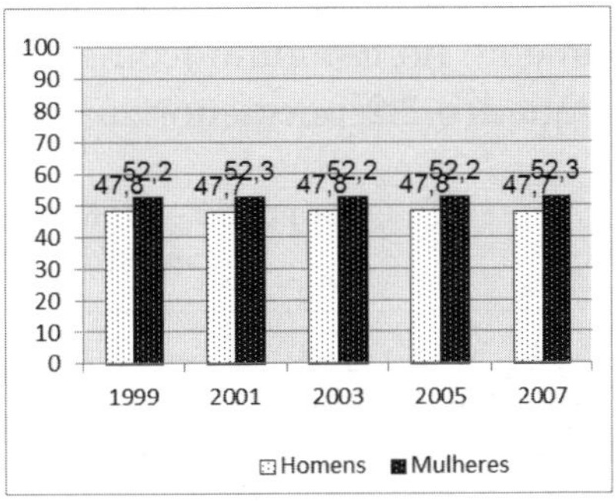

Fonte: INE/IE: microdados disponibilizados no âmbito do Projeto "Mudanças do emprego e relações de género" (FCT – PTDC/SDE/66515/2006).

De acordo com a mesma informação estatística, a população dos segmentos selecionados é relativamente jovem por comparação com a amostra global do IE: praticamente três quartos têm até 39 anos e apenas 9% têm idades compreendidas entre os 50 e os 59 anos, sendo de notar a ausência de pessoas inquiridas com idades superiores a este escalão (dados referentes a 2007). No caso das profissões selecionadas, os níveis de escolaridade são também mais elevados do que na amostra global do IE: a maioria tem o ensino secundário completo e um terço detém um grau de escolaridade de nível superior.

Considerando agora a população entrevistada no âmbito do projeto, do total de 45 pessoas apenas 13 são do sexo masculino. Não se tratando de uma amostra representativa, a verdade é que os valores não se distanciam dos dados do IE/INE relativos aos segmentos selecionados. No enquadramento teórico previamente traçado, foram ponderadas as perspetivas que focam a sobre--representação de mulheres nas áreas e profissões dos serviços interpessoais onde a cortesia, a gentileza, a simpatia, a amabilidade e a deferência são atributos particularmente requeridos.

52 | Trabalho Emocional e Trabalho Estético: Na Economia dos Serviços

A nossa amostra reflete também essa tendência; deste modo, embora não seja possível proceder a uma generalização para o universo, há a notar quer a maior dificuldade em encontrar (e entrevistar) homens que trabalhem na área da estética/beleza, quer a identificação de algumas profissões que são designadas exclusivamente no feminino (como é o caso das hospedeiras de eventos). O quadro 2.2 pormenoriza as várias profissões em análise:

QUADRO 2. 2 – **Profissões dos serviços interpessoais (amostra=45), segundo o sexo**

	Homens	Mulheres	Total
Cabeleireiras/os, *HairStylists*	1	4	5
Manicuras/pedicuras, Estilistas de unhas de gel e acrílico, Maquilhadores/as	-	5	5
Esteticistas/visagistas, Massagistas de estética	1	4	5
Consultoras/es de imagem; *Coaches; Fashion advisors/fashion stylers; Personal stylers; Personal Shoppers*	2	7	9
Monitores/as de *fitness*	2	2	4
Assistentes de eventos ("hospedeiras de eventos")	-	4	4
Assistentes de estacionamento e parqueamento /*"valets Parking"*	2	-	2
Tripulantes de cabine (comissários/as e assistentes de bordo/aeronaves)	2	5	7
Empregados/as de hotelaria (bar) e de restauração	3	1	4
Total	13	32	45

Fonte: Projeto "Mudanças do emprego e relações de género" (FCT – PTDC/SDE/66515/2006).

Evitámos qualificá-las de *novas* profissões, embora contenham alguns traços que sugerem *novidade*. Em primeiro lugar, enquadram-se num processo de reconfiguração da esfera produtiva e da estrutura económica e socioprofissional, que decorre da diversificação inerente ao crescimento do setor terciário. Acresce que estão profundamente ligadas às mudanças no domínio do consumo, dos estilos de vida e das preferências individuais (valorização da aparência, do bem-estar, da imagem e da estética) (veja-se Fortuna,

Trabalho emocional e estético nos serviços interpessoais | 53

2002) – isto é, a tendências que geraram uma expansão assinalável das atividades de produção, comercialização e consumo de bens e serviços relacionados com a aparência corporal (Ferreira, V. S., 2008). Depois, como se pode constatar, são várias as profissões que se apresentam como emergentes (algumas delas são mesmo divulgadas em língua inglesa), que não se encontram ainda regulamentadas[46] (assim sucede no caso de *hairstylists*[47]; consultores/as de imagem, *fashion advisers, fashion stylers/personal stylers, personal shoppers*[48]; hospedeiras de eventos[49]; assistentes de estacionamento/

---

[46] Tal como se pode verificar em:
http://ec.europa.eu/internal_market/qualifications/regprof/index.cfm?fuseaction=home.home
Veja- especificamente o caso de Portugal:
http://www.iefp.pt/formacao/certificacao/ProfissoesRegulamentadas/Paginas/ListaProfissoes.aspx
No entanto, é de sublinhar que o Decreto-Lei n.º 92/2011, de 27 de julho, ao estabelecer o sistema de regulação de acesso a profissões (SRAP), procurou "simplificar e eliminar barreiras no acesso a profissões e atividades profissionais. Tal como se poderia ler na página eletrónica acima mencionada, ficou assim possível o "livre acesso a diversas profissões e atividades profissionais cujo exercício estava, até à presente publicação, condicionado à posse de um título (carteira profissional ou certificado de aptidão profissional – CAP), deixando este de ser obrigatório para exercer as profissões e atividades profissionais previstas naquele diploma legal, partindo de um princípio de liberdade de escolha e acesso à profissão, o qual apenas deve ser restringido na medida do necessário para salvaguardar o interesse público" (consultado em 5 de dezembro de 2011).

[47] Estes/as profissionais (*hairstylists*) definem-se deste modo quando, além do exercício da prática profissional enquanto cabeleireiros/as, prestam um serviço de aconselhamento de corte, extensão, coloração ou penteado, em função das tendências em curso e das características morfológicas da pessoa cliente (formato do rosto, por exemplo).

[48] Encontrámos funções semelhantes entre estes/as profissionais, não obstante as diferentes designações e o modo como se apresentam publicamente. Trata-se de prestar serviços de aconselhamento personalizado de imagem, envolvendo o vestuário e acessórios, a postura e a proporção corporal, o penteado, o corte, a coloração, ou a maquilhagem. É frequente o acompanhamento às lojas para apoio na aquisição de serviços ou produtos concordantes com a imagem pretendida. Em alguns casos, o aconselhamento estende-se ao apoio à procura de emprego, à atitude a desenvolver em contexto profissional ou pessoal, e a oportunidades de carreira (no caso de *coaches*).

[49] Consta da Classificação Nacional de Profissões (CNP) a profissão "assistente de congressos"; no entanto, nos casos em análise, os serviços prestados são

54 | Trabalho Emocional e Trabalho Estético: Na Economia dos Serviços

valets parking[50]*)*, nem constam da Classificação Nacional das Profissões (CNP)[51] e da *Standard Occupational Classification* (SOC). Esta realidade laboral é, assim, do ponto de vista estatístico, remetida para um domínio *oculto*, não visível, desconhecido, elevando a pertinência de uma abordagem compreensiva que nos permita explorar a caracterização das profissões em questão. Por último, há a destacar o facto de estas ocupações estarem relacionadas com mudanças no perfil da força de trabalho, em resultado da crescente ênfase empresarial nas disposições[52] emocionais e corpóreas das pessoas trabalhadoras. Estes requisitos, como explorado no capítulo prévio, não são alheios às representações sociais associadas ao género, à idade e à etnicidade, designadamente.

As pessoas que integram a amostra são relativamente escolarizadas: mais de metade (53%) já frequentou, encontra-se a terminar ou chegou mesmo a concluir uma licenciatura (consultores/as de imagem, *coaches*, hospedeiras de evento e tripulantes de cabine), seguindo-se quem (mais de um terço) detém o ensino secundário (entre o 9º e o 12º ano de escolaridade, sendo sobretudo manicuras, maquilhadoras/es e cabeleireiras/os), e, depois, aqueles/as (5 casos) que têm um nível de habilitações inferior ao 2º ciclo do ensino básico (fundamentalmente, empregados/as de hotelaria). Quanto ao estado civil, a maioria (27 profissionais) vive em relação de casal (formalizada ou não), seis estão presentemente separados/as ou divorciados/as, e os/as restantes doze são solteiros/as. De referir

---

mais variados e podem passar pelo *marketing* promocional, publicidade e eventos vários (tópico retomado mais à frente). Como já se fez referência, é comum as páginas eletrónicas das empresas publicitarem a oferta de serviço de hospedeiras de eventos (no feminino).

[50] Estes trabalhadores (homens) prestam atividade na área do estacionamento personalizado. Constata-se, a partir das páginas eletrónicas consultadas, que as empresas que oferecem este tipo de serviços exibem apenas imagens de indivíduos do sexo masculino. As entidades clientes podem ser restaurantes, hotéis, espaços comerciais, ou mesmo particulares.

[51] Pode ser consultada em:
http://www.iefp.pt/formacao/CNP/Documents/INDICE.pdf

[52] Seguimos aqui o conceito de Bourdieu, tal como reinterpretado por Warhurst, Thompson e Nickson, (2009) (veja-se o capítulo 1).

ainda que seis entrevistados/as declaram estar na condição de imigrantes (apenas dois são do sexo masculino), tendo mencionado como países de proveniência o Brasil (3), Cabo Verde (1), Costa do Marfim (1) e Itália (1). Trabalham fundamentalmente no setor da estética e exercem as profissões de cabeleireiros/as, *hair sytlists*, manicuras, pedicuras e esteticistas.

2.4. Quando as emoções e o corpo falam: a regulação do trabalho nos serviços interpessoais

A investigação conduzida permitiu constatar a existência de vários manuais de apoio ao atendimento a clientes. Uma vez analisado o conteúdo de alguns destes documentos, verifica-se que, relativamente à pessoa prestadora do serviço, é muito reforçada a valorização de um estado emocional positivo e de uma imagem agradável aos olhos do público. A propósito de emoções positivas no trabalho, pode ler-se que "quem não sabe sorrir não pode exercer uma função de atendimento e serviço ao cliente"[53], que é fundamental saber encontrar soluções, vencer todas as dificuldades, propor soluções, demonstrar empatia e alegria, escutar e manter a calma, exprimir amabilidade e deferência em todos os momentos. Simultaneamente, é sublinhado o valor da congruência entre a aparência individual e a essência da imagem externa da empresa/organização empregadora. Trata-se, pois, de procurar construir uma identidade corporativa, através da qual seja possível a identificação e a diferenciação relativamente às demais organizações concorrentes no mercado.[54]

> *Preocupe-se com a sua aparência. Você é o rosto da empresa ou da instituição e é parte integrante da atmosfera geral do serviço. Não crie dissonância. O profissional que contacta com o público deve ser notado pela sua*

---

[53] Penim, Ana (2008), "Manual de atendimento e serviço ao cliente", *Dirigir* (Separata), nº 101: 12.

[54] Rodrigues, J. V. e Abreu, N. (2008), "Como se constrói a imagem de uma empresa ou produto", *Dirigir* (Separata), nº 101:4.

56 | Trabalho Emocional e Trabalho Estético: Na Economia dos Serviços

competência, gentileza e profissionalismo. Neste contexto, o corpo 'fala' e diz muito! Mantenha as costas direitas, utilize gestos suaves e mantenha uma fisionomia alegre. Dessa forma irá transmitir disponibilidade e interesse. Uma imagem corporativa forte dá confiança, reforça o seu sentido de pertença e contribui para desempenhos mais positivos. Os clientes gostam de empresas simpáticas e acolhedoras. A imagem de quem contacta com o cliente é fundamental para o reforço da imagem e notoriedade da empresa/ instituição. (...).[55]

Entende-se, portanto, que os requisitos associados à aparência reforçam uma imagem empresarial identitária e, como tal, acrescentam valor e potenciam a competitividade no mercado (veja-se também Witz, Warhurst e Nickson, 2003). Além de indicações sobre a construção da imagem corporativa em geral[56] e a recriação de um ambiente físico acolhedor, é frequente os manuais explicitarem as normas de conduta a seguir pelos/as profissionais dos serviços interpessoais, num processo que poderia ser designado de *produção de sorrisos* – "smile factory" (como refere van Maanen a propósito dos/as trabalhadores/as da Disneylândia, *apud* Bold, 2005: 48). Assim, seguindo a mesma fonte documental, pode ainda ler-se:

Dirija-se ao cliente sem precipitações. *Se possível, coloque-se de preferência do seu lado direito. Evite estar de frente para o cliente (efeito de barreira). Desta forma criará um clima de partilha em vez de oposição. Olhe-o nos olhos e mantenha contacto visual permanente com ele sempre que fala de forma a demonstrar segurança, disponibilidade e escuta activa. Antes de pronunciar qualquer palavra, **SORRIA!** Além de ser tranquilizante, demonstra disponibilidade e simpatia. Receba o cliente com uma saudação: Bom dia! Boa tarde! Como está... Seleccione uma frase de acolhimento adequada à situação em causa. Evite frases feitas que transmitam uma ideia de atendimento mecânico e não personalizado. Coloque-se respeitando sempre a 'zona de intimidade' (realçados originais).[57]*

---

[55] Penim, Ana (2008), "Manual de atendimento e serviço ao cliente", *Dirigir* (Separata), nº 101: 5.

[56] Rodrigues, J. V. e Abreu, N. (2008), "Como se constrói a imagem de uma empresa ou produto", *Dirigir* (Separata), nº 101.

[57] Penim, Ana (2008), "Manual de atendimento e serviço ao cliente", *Dirigir* (Separata), nº 101: 6.

É comum a explicitação de normas relativas aos "sinais do corpo" e à comunicação não-verbal, passando pela concretização de sugestões sobre como sustentar o olhar, colocar a voz, exibir uma adequada postura física ou posicionar as mãos em sinal de bom acolhimento, disponibilidade, amabilidade, confiança e segurança. A pessoa interlocutora (cliente) deverá sentir-se valorizada, o foco de todas atenções, um ser soberano/a em cada encontro de serviços (*service encounter*). De entre as sugestões encontradas para lidar com situações mais tensas, as alternativas fornecidas são semelhantes e passam quase sempre por este registo: *se ele [cliente] o ofender, diga-lhe que o compreende mas que gostaria de ter uma oportunidade de o ajudar.*[58]

No que diz respeito às páginas eletrónicas, é comum as empresas que prestam serviços ligados à consultoria de imagem divulgarem sugestões sobre a aparência física, incluindo as cores de vestuário e os tons de maquilhagem. É mais frequente o recurso a imagens femininas, exibindo corpos elegantes e jovens. As fotografias de homens são menos divulgadas; no entanto, quando disponíveis, refletem uma maior diversidade: além da exposição de corpos jovens, damos conta de imagens que privilegiam a projeção da maturidade, do formalismo e do brilho do sucesso profissional. A Figura 2.2. apresenta duas capas de manuais de imagem que ilustram bem as estereotipias de género, exacerbando a dicotomia entre o estilo formal e profissional (masculino) e o estilo enfeitado e decorativo (feminino).

Pressupondo que o sucesso empresarial depende da boa impressão causada pelo trabalhador ou pela trabalhadora no contacto interpessoal com a/o cliente, os manuais dão também indicações precisas acerca do vestuário "dos/as colaboradores/as", que deve ser concebido em consonância com a imagem corporativa. No nosso estudo, os/as empregadores/as confirmam a valorização de atributos pessoais que extravasam as competências técnicas, compreendendo as disposições emocionais e corpóreas

---

[58] *Idem.*

Trabalho Emocional e Trabalho Estético: Na Economia dos Serviços

**Figura 2. 2 – Manuais de imagem de imagem pessoal
e estilo para homens e mulheres (exemplos)**

Fonte: *Website de uma das empresas de consultoria de imagem*[59]

compagináveis com a *boa* imagem da empresa, como se pode constatar no excerto seguinte:

> *Estar sempre bem apresentado, bem vestido, simpático, estar sempre atualizado... Quer dizer, a atualidade a nível da informação... E não falemos também da formação profissional, porque essa então acima de tudo! Portanto, se não houver esta postura, obviamente que não entram no meu local de trabalho. Porque acho que é essencial. Acho que para se perceber de beleza tem de se ser belo, ou estar minimamente belo. Acho que é o mínimo.* (Nelson Santiago, empregador de *hairstylists*)

As disposições corpóreas apresentadas aquando da entrevista de emprego são muito consideradas, não obstante o trabalho emocional e estético que venha a ser requerido:

---

[59] Publicações (Manuais) disponíveis on-line no dia 13.07.2009.

Portanto eu costumo dizer que é 50% da parte comportamental e 50% da parte técnica, isso é o que nós avaliamos. Porque a parte técnica depois nós podemos ensinar e a parte comportamental dependendo também do carácter da pessoa, podemos trabalhá-la ou não, mas é mais difícil de corrigir! Madalena Ferreira, GRH – Hotelaria e Turismo)

No conjunto das profissões abrangidas pelo estudo, constatámos que as regras de atendimento e serviço interpessoal perpassam os vários domínios de atividade. No entanto, em muitas situações, a regulação não é exercida de um modo sistemático e formal. Por conseguinte, é frequente as pessoas entrevistadas referirem que "não há nada escrito"; a transmissão das normas tende a ocorrer por via da formação sociocomportamental ou das indicações dadas pelos/as superiores – o que pode suceder logo após a contratação e/ou ao longo da permanência na empresa. Em alguns contextos, porém, é disponibilizado um manual de conduta após a fase do recrutamento e seleção.[60] Em conformidade com as orientações dos documentos e manuais consultados, as pessoas entrevistadas referem-se às normas (formais e/ou implícitas) reguladoras da interação com o/a consumidor/a. O quadro 2.3 procura sistematizar alguns desses depoimentos, dando conta da importância do trabalho emocional e do trabalho estético nos segmentos profissionais selecionados:

---

[60] Tendo em conta os novos requisitos exigidos às trabalhadoras e aos trabalhadores, o dirigente da FESAHT salientou o alargamento de exigências laborais sem que tal tenha reflexo no estatuto remuneratório ou nas competências lavradas nos diplomas legais do setor (Hotelaria, Restauração e Bebidas).

60 | Trabalho Emocional e Trabalho Estético: Na Economia dos Serviços

QUADRO 2. 3 – A regulação das emoções e da estética – depoimentos

[É preciso ter] classe. É ter classe. É respeitar a cliente, a senhora doutora, já que gosta de ser tratada assim, mas mesmo que ela me diga "Rute, tu lá tu cá" (...). Eu tenho que mostrar que ela ali é uma senhora, ela ali é a minha rainha, não é? E eu estou ali ao seu dispor. E essa disciplina, eu não me sentar na frente dela, eu não mastigar uma pastilha, eu não falar alto, eu não comentar da minha vida ou da vida... (Rute Porteira, Cabeleireira *Hairstylist)*
Para começar quando nós estamos a vender o produto temos que ser simpáticos, e a coisa que mais interessa nesta área é o cliente não somos nós! Nós temos que estar apresentáveis... Ponto número um, o cliente é a coisa mais importante dentro daquela loja! (Marina Roldão, Maquilhadora num espaço comercial de cosmética)
Foi-nos ensinado que nunca que devíamos de falar das nossas coisas....só de vez em quando, só quando o cliente nos pergunta alguma coisa sobre nós, aí sim, nós falamos. Mas nunca, nunca, jamais, jamais, falar de nós (...)! E depois é aquela aparência, aquele sorriso de orelha a orelha ... (Isabel Costa, Cabeleireira)
Há uma determinada conduta que temos de seguir. Unhas: dois ou três milímetros acima da carne (...). Unhas tons de pastel, transparente, pastel, ou branco. Já permitiram vermelho, mas tem que ser um vermelho ainda mais escuro do que este... (...) Tatuagens são proibidas, têm que estar tapadas! Piercings não podem estar visíveis. (...) Maquilhagem tem que ser extremamente discreta. Uma base muito natural. (Sofia Sá, Monitora de *fitness)*
Não, a roupa é nossa. Tem é que ser preta, porque é neutra. Como se fosse ausência de cor. (Sofia Rosa, Maquilhadora)
"Portanto queres estar aqui, tens que seguir os parâmetros e as coisas... .!. Cabelo apanhado? Não, não o cabelo tem que ser liso... liso, solto e lavado. Maquilhagem, soft. Ah... e as fardas são só até ao número 40, portanto..." (risos). "Engordas-te? Temos pena! Tchau! Tenho aqui mais pessoas para ligar! O quê? Já estás gorda? Foste mãe? Hum... Está bem... Está tudo bem, querida? Está. Então vá, adeus beijinhos (...)". Cheguei a fazer uma publicidade com três meses de gravidez e a coisa não se notou. Mas só por não ter barriga! E a partir do momento em que se começou a notar, deixei de ser contactada. (...) Ah, é uma questão de imagem! (risos) Porque uma pessoa tem que estar ali de corpinho bem feito... E é um pacote pronto a levar... Portanto eles querem que nós, perante os olhos dos clientes, sejamos um Ferrero Rocher ... Ninguém vê um Ferrero Rocher grávido (risos) ... (Carla Simões, Hospedeira de Eventos)

> *[As hospedeiras] têm que ter todas mais de um 1,70 metros (se não mais) e têm que ser todas magras, minimamente magras, não é?! E com uma boa apresentação (…). A gente faz vida de princesa. Somos maquilhadas, penteadas mas também sofremos, lá está! (…)…! Nós vendemos a nossa imagem, não é?! Eu também não sou nenhuma top model, atenção… Não sou… Tudo bem, tenho um 1,80, chamo a atenção… Se puser uns saltos fico com um 1,90 metros. (…). [Foi-me sugerido]: "você nunca diga a idade que tem [34 anos]! Você diga que tem 28 anos, se não eles não a escolhem!"* (Carolina Prates, Hospedeira de Eventos)

> *Temos uma farda e temos um conjunto de regras para usar essa farda. Temos um conjunto de regras. Nós temos calças, vestidos e blazer e temos um conjunto de regras que nos diz que "Com o casaco de malha não podes usar meias com botas!"* (Marta Sousa, Assistente de Bordo)

Fonte: Projeto "Mudanças do emprego e relações de género" (FCT – PTDC/SDE/66515/2006).

2.4.1. Códigos de estética: a feminilidade faz-se, refaz-se… e vende-se

A dimensão estética é particularmente *trabalhada* no caso dos/as profissionais mais diretamente ligados/as à prestação de serviços de beleza (cabeleireiras/os, *hair stylists,* esteticistas, massagistas esteticistas e maquilhadoras/es)[61], à consultoria e apoio à imagem (consultores/as, *coaches; fashion advisors/fashion stylers; personal stylers/personal shoppers*) e a atividades relacionadas com o bem-estar físico (monitores/as de *fitness*). Apesar de estar também presente – como tem sido já explorado noutros estudos – no caso dos/as tripulantes de bordo (sobretudo das hospedeiras de bordo)[62], a verdade é que assume particular relevância no que diz respeito às assistentes de eventos (vulgo "hospedeiras de eventos"). Esta

---

[61] Em consonância com as conclusões de Gimlin (1996), Black e Sharma (2001) e Kang (2003), nomeadamente (autoras/es que têm estudado os segmentos profissionais ligados à indústria da beleza e da estética).

[62] Hochschild (1983); veja-se também Boyd e Bain (1997); Tyler e Abbott (1998); Tyler e Taylor (1998); Taylor e Tyler (2000); Williams (2003); Bolton e Boyd, (2003).

62 | Trabalho Emocional e Trabalho Estético: Na Economia dos Serviços

evidência justifica que nos detenhamos na observação de algumas particularidades deste segmento laboral.

Como se fez anteriormente referência, as empresas/agências com atividade no domínio da organização de eventos (incluindo a promoção de produtos e marcas) tendem a publicitar o serviço no *feminino*, referindo-se explicitamente a *hospedeiras*. No entanto, existem também assistentes do sexo masculino, que são sobretudo chamados a colaborar quando se trata de promover algumas marcas ou produtos destinados a consumidores-homens. Por exemplo, na apresentação de um novo modelo de uma marca de automóveis mais dirigido ao segmento masculino, é comum o promotor aparecer a conduzir o veículo, enquanto a promotora *veste* um papel mais decorativo. Ainda que a imagem dos homens seja trabalhada e modelada à luz dos propósitos comerciais e de *marketing*, o trabalho estético tende a ser inferior ao das hospedeiras de eventos. Nestes casos, assiste-se frequentemente a uma prestação *performativa* que obedece, recria e reforça o normativo heterossexual de feminilidade. Desde logo, no momento de candidatura a uma agência/empresas de eventos, a pessoa candidata envia um *curriculum vitae* do qual é parte integrante um *book*[63] de fotografias de rosto e corpo. Depois, a estética é modelada em função dos requisitos do contexto, das exigências ditadas pelas entidades clientes, das estratégias de *marketing*, das expetativas culturais e das representações simbólicas do público potencialmente consumidor. Deste modo, a hospedeira de congressos e conferências (veja-se a Figura 2.3) apresenta-se com uma farda institucional (seja da empresa de eventos ou da entidade cliente), com um *design* que procura realçar a formalidade. A sobriedade tende a ser predominante na cor, quase sempre marcada por um retoque (pormenor decorativo) de coloração mais viva. O intuito é que seja projetada uma imagem que combine, em simultâneo, dinamismo e discrição.

---

[63] Optou-se por manter a designação comum no meio em questão.

Figura 2. 3 – Fotografia de hospedeiras de evento (congressos)

Fonte: http://www.springevents.pt/portfolio/iapmei-evento (consultado em 22/12/2011)

As hospedeiras de imagem constam anunciadas em várias páginas eletrónicas como assistentes que se destinam a festas, galas, eventos comemorativos ou ao lançamento de produtos das mais variadas áreas de atividade económica. São-lhes associadas características como a imagem cuidada, o aspeto saudável, o dinamismo, a simpatia e a versatilidade. Às mulheres que procuram garantir alguma continuidade de trabalho (ser *chamada* para trabalhar), impõe-se-lhes a disciplina da imagem e a disponibilidade para a ajustar e adaptar às mais variadas circunstâncias, seja a espetáculos de música ou de teatro, a feiras e exposições, a eventos desportivos, a ações de degustação e de *marketing* promocional, ou a iniciativas de lançamento de novos produtos – um novo modelo de automóvel, um artigo de beleza, uma bebida, chocolates, bolachas, telemóveis ou computadores – só para referir algumas possibilidades (figura 2.4).

FIGURA 2. 4 – **Fotografia de hospedeiras de evento (imagem)**

Fonte: http://br.neventum.com/hostess/hospedeiras-portugal/ (consultado em 2/1/2012)

Um dos excertos expostos no quadro 2.3 (atrás) é bastante elucidativo: o corpinho quer-se bem feito, tal como um pacote pronto a levar, um objeto desejável aos olhos dos clientes, o bombom de chocolate – como ali refere uma das hospedeiras. Esta entrevistada comentaria ainda:

> *Depende imenso dos clientes...! Os clientes é que mandam! O cliente diz: "Quero uma miúda seminua dentro de uma banheira". E ali vão ter que encontrar alguém que esteja disposta a estar seminua numa banheira. E depende (...). Vestiram-me um fato branco, era um macaco branco, branco... Branco já é transparente por si não é?! Então, viam-se os contornos do sutiã e das cuequinhas..."Ai ela é muito bonita!" E ela fica só a dizer 'Bom dia e Boa tarde aos clientes!' (...). [Noutra circunstância] a minha farda era biquíni e eu tinha que estar sempre molhada o tempo inteiro para parecer "frescura em pessoa"!*
>
> (Carla Simões, *Hospedeira de eventos*)

Podemos concluir que a erotização dos corpos é explicitamente utilizada pela gestão para fins comerciais; nestes casos, a comercialização de um produto ou de um serviço tem incrustados significados, imagens, valores e desejos, num contexto em que – como admitiria Filby (1992: 37) – a fronteira entre a venda do serviço e a venda da sexualidade (*selling the service and selling the sexuality*) se apresenta ténue (veja-se também e.g. Nixon, 2009; Warhurst e Nickson, 2009). É possível também observar que são frágeis as balizas que separam algum trabalho estético da erotização dos corpos, estimulando-nos a repensar os contributos teóricos até hoje desenvolvidos em torno desta temática. Neste caso em particular, com um registo tão vincadamente *performativo*, a feminilidade é recriada a partir dos signos que lhe estão cultural e socialmente associados, e em função dos padrões de desejo e de atração do público masculino. Por conseguinte, têm aqui eco os argumentos de Hochschild em torno da projetada imagem de subordinação feminina e das situações de assédio sexual que lhe estão associadas.[64] A este respeito, outra entrevistada refere:

> *Fiz body painting e body painting é um trabalho muito especial! Nós estamos de cuecas, não é? E pintam-nos o corpo (…). Às vezes, os homens tendem assim a assobiar um bocadinho ou... Mas eu tento... consigo sempre, normalmente, cancelar isso bem, sem... Pedem o número de telefone e perguntam se nos podemos encontrar depois. Olham assim... E fazem insinuações: "Ai o que eu fazia...!". Há uns assim mais discretos, que chegam assim mais devagarinho, mas é assim umas coisas discretas, mas há outros que são mesmo diretos! Diretos ao assunto... Ignoro (…) Não pode ser! Não levo mesmo! Não me afeta minimamente! Nem sequer fica cá.*
> (Carolina Prates)

Os corpos destas mulheres são, assim, sexualizados, *gendered*, erotizados e *objetificados* (e.g. Acker, 1990; Tyler e Taylor, 1998; Sayers e Monin, 2009), em resultado de uma estratégia de gestão que explicitamente o prescreve. Nota-se que, pese embora a

---

[64] Veja-se e.g. Acker (1990); Amâncio (1991); Tyler e Abbott (1998); Tyler e Taylor (1998); Adkins e Lury (1999); Williams (2003) (v. também capítulo 1).

dimensão *performativa* do trabalho que produz e (re)cria a *femini-lidade*, esta é incorporada nas identidades e nos corpos expostos como se resultasse de um processo de naturalização – e não como uma consequência da *performatividade* (veja-se também Adkins e Lury, 1999).

Mas as fronteiras ténues não se constatam apenas entre o trabalho estético e o trabalho erotizado; verificam-se igualmente em relação ao trabalho de entretenimento – uma dimensão que Bryman (2009) enquadra na tendência para a "disneyização" (*disneyzation of work*) (para um maior desenvolvimento, veja-se o capítulo 1). São várias as empresas que disponibilizam "mascotes" para atividades de promoção de produtos ou para animação de festas e eventos comemorativos. É então requerida a disponibilidade do trabalhador ou da trabalhadora para camuflar o próprio corpo e modelar a aparência. O trabalho desempenhado assume também um registo *performativo*, embora, nestes casos, obedeça a uma estratégia de *marketing* que enfatiza a animação e o entretenimento. Há hospedeiras a personificar figuras da Walt Disney, de entre outras mascotes normalmente associadas a insígnias comerciais (v. Figura 2.5.), *transmutando-se* – como diria Hochschild (1983) – em formas diversas (e.g. garrafas, telemóveis, caixas de doces, boiões de iogurte ou embalagens de champô...). Acresce que, em alguns casos é ainda publicitada a disponibilização de hospedeiras patinadoras, sempre que o/a cliente pretenda "transmitir movimento e dinamismo às ações e eventos"[65]. Além da caracterização estética, o trabalho emocional passa, portanto, pela expressão de emoções que projetem alegria e divertimento. Durante o trabalho performativo, a impressão veiculada é a de que o/a trabalhador/a está a divertir e a divertir-se – e não a desempenhar uma atividade laboral (Bryman, 2009: 66).

Em algumas situações, o trabalho estético está associado a um processo de estigmatização relativamente às pessoas cuja imagem se afigure *desviante*, i.e., não conforme com a norma tida como

---

[65] Retirado da página eletrónica de uma das empresas a operar em Portugal.

FIGURA 2. 5 – Fotografia de hospedeiras-mascotes (Popota)[66]

Fonte: http://arronchesemnoticias.blogspot.com/
2011/12/portalegre-popota-dance-tour-2011.html
(consultado em 22/12/2011)

ideal (assim sucede com trabalhadoras que não sejam jovens, magras, altas, *brancas* – salvo a associação que possa ser estabelecida com traços de *beleza exótica*). Tal sucede sobretudo no caso das hospedeiras de imagem – como pode ser ilustrado a partir das seguintes passagens de entrevistas:

> *Brasileiras, se calhar. Só. Maioritariamente [de tez] clara, mas também há raparigas negras. Sim, e que fazem trabalhos... Conheço uma rapariga, não é mulata, é mais escura, e ela faz muitos trabalhos mesmo. É alta, mas também tem assim aspeto de modelo. Mas, normalmente, somos mais clarinhas.*

---

[66] Notícia a propósito do *tour* da mascote da insígnia Modelo/ Continente (superfície comercial de Portalegre – Popota Dance Tour 2011).

[Referindo-se a uma colega de trabalho]: *Ela era normal, alta, magra. Entretanto, eu estava a fazer o salão automóvel, houve uma rapariga que faltou e então chamaram-na e ela chegou, mas assim com mais cinco quilos. Nem eu a conhecia quase... E ela chegou e foi embora, mandaram-na embora. Disseram-lhe: "Não pode ser. Assim não podes!".*
(Amélia Matias, *Hospedeira de Eventos*)

[Referindo-se a uma colega de trabalho] *E, no dia do desfile, aquilo foi um desfile de moda eles aceitaram-na logo... era muito bonita. E, no dia do desfile, ela começou-se a despir e foi um escândalo porque o peito caiu todo e era desproporcional e o maquilhador que a iria pintar recusou-se a pintá-la... Fez um escândalo, ele fez um escândalo e disse que ela devia ter olhos na cara para se olhar ao espelho (...). E o que o maquilhador disse tem toda a razão, as pessoas estão aqui (...) não é o seu peito descaído, nem a sua flacidez, nem a sua celulite, nem as suas estrias... [É] um choque para toda a gente, percebe o que eu quero dizer?*
(Carolina Prates, *Hospedeira de Eventos*)

Digno de nota é o facto de as hospedeiras entrevistadas se identificarem com os códigos de estética associados à feminilidade e com o normativo dominante de beleza feminina, além de avaliarem positivamente a dimensão mais performativa do seu trabalho. Praticamente todas as respondentes (três em quatro entrevistadas) exprimiram-se no sentido de estarem "bastante" satisfeitas com o emprego e com a profissão. No fundo, como notado por Black e Sharma (2001), é de equacionar que estas trabalhadoras desejam uma imagem em conformidade com o ideal dominante de beleza, o que nos remete para a dimensão de atuação profunda (*deep acting*) definida por Hochschild (1983) (embora essa conformidade extravase os requisitos organizacionais e decorra dos padrões de beleza feminina socialmente dominantes). Ainda assim, – e como demonstraremos mais à frente – esta aparente aceitação não deixa de ser vivenciada com alguma ambivalência. É certo que, à parte da análise de conteúdo complementar, estamos perante um número escasso de observações individuais; todavia, a relevância das reflexões suscitadas permite-nos, desde já, con-

Trabalho emocional e estético nos serviços interpessoais | 69

siderar a pertinência de um estudo mais aprofundado sobre este segmento laboral.

Para finalizar este ponto, há a referir que este grupo de entrevistadas presta atividade num registo precário, fundamentalmente ao abrigo da modalidade de trabalho à chamada (*on call*), colaborando pontualmente com a empresa/agência de eventos. Aufere, em média, 5 euros por cada hora de trabalho, embora em situações excecionais este valor possa ascender aos 10 euros (nestes casos, estas hospedeiras tendem a considerar-se como muito bem pagas). O nível de escolaridade é relativamente elevado; apenas uma das entrevistadas não frequentava o ensino superior universitário. Relativamente à perceção do estatuto profissional, é interessante notar o discurso de distanciamento em relação às promotoras cuja atividade se desenrola em superfícies comerciais – grupo que é subjetivamente avaliado como contendo um estatuto inferior na hierarquia da estética e, portanto, no mundo laboral das hospedeiras e promotoras. Observamos, seguidamente, as condições de trabalho e de emprego dos/as profissionais que integram a amostra em geral.

2.5. Algumas das condições de trabalho e de emprego: breve descrição

As contratações flexíveis abrangem mais de metade das pessoas entrevistadas (24 no total; 18 mulheres e 6 homens – ou seja, 56% e 46% do total de trabalhadoras e trabalhadores entrevistados, respetivamente).[67] De notar, a este respeito, o peso da modali-

---

[67] Estão aqui incluídas as seguintes categorias: trabalhador/a por conta de outrem com contrato a termo; trabalhador/a isolado/a em regime de "recibo verde"; e trabalhadores/as sem qualquer vínculo contratual. Quanto à amostra em geral, é ainda de referir que nove pessoas têm um vínculo contratual efetivo (seis mulheres e três homens); oito estão na condição de empresários/as (seis mulheres e dois homens), na maioria sem trabalhadores/as a cargo, ainda que com atividade constituída por razões de ordem fiscal; quatro (dois homens e duas mulheres) estão em situação de formação.

dade de "recibo verde", ainda que frequentemente ao abrigo de uma relação laboral de natureza subordinada (16, reportando-se a 4 homens e a 12 mulheres).[68] Comparativamente com os dados nacionais, já por si bastante expressivos no contexto da União Europeia (Casaca, org., *et al.*, 2012b/no prelo), a nossa amostra caracteriza-se pela elevada flexibilidade da relação de trabalho, normalmente percecionada enquanto sinónimo de insegurança laboral. Deste modo, mais de metade das pessoas entrevistadas considera que o emprego atual é "pouco" ou "nada seguro". Este facto permite explicar a fraca satisfação com a segurança/estabilidade e com a situação contratual (a média das respostas é de 3,06 e 3,12 pontos, respetivamente, numa escala de satisfação de 5 valores).[69]

Apesar de mais de um terço (36%) da população entrevistada trabalhar oito horas por semana (em média), a verdade é que quase dois quintos admitem trabalhar acima daquele limite, e praticamente um quinto refere que o expediente tende a ocupar mais de 11 horas diárias – situação que abrange mais as mulheres do que os homens. É baixo o número de pessoas que refere um período inferior a 5 horas diárias (apenas um décimo dos casos). Os/as profissionais que expressam maior intensidade de tempo de trabalho são os/as "cabeleireiros/*hairstylists*" e o grupo de "consultores/as de imagem, *coaches, fashion advisors, fashion stylers, personal stylers, personal shoppers*", enquanto os assistentes de estacionamento/parqueamento e as hospedeiras de eventos tendem a reportar horários mais diminutos. É interessante notar que os horários são em geral flexíveis, variando de semana para semana

---

[68] Esta relação tem, porém, algumas especificidades: em alguns casos, trata-se efetivamente de trabalho por conta de outrem, ao passo que noutras situações há uma relação de prestação de serviço, mediante o pagamento do aluguer do espaço laboral, por exemplo. No entanto, mesmo assim, constata-se uma relação de subordinação que se prende com os horários de laboração, os períodos de descanso e de férias, a indumentária e a estética da organização em geral (dimensões acomodadas às exigências do espaço comercial de acolhimento).

[69] Escala de 1 a 5 valores, variando entre nada (1), pouco (2), mais ou menos (3), bastante (4) e totalmente satisfeito/a (5).

(v. Figura 2.6). Em algumas profissões, esta situação abrange a totalidade das pessoas entrevistadas (à exceção dos/as monitores/as de *fitness* e dos/as profissionais mais diretamente ligados à estética – esteticistas, visagistas, massagistas de estética, manicuras, pedicuras, estilistas de unhas, cabeleireiros/as e *hair stylists*).

FIGURA 2. 6 – Pessoas entrevistadas que referem que o horário de trabalho é variável (semanalmente), por grupo profissional (frequências relativas)

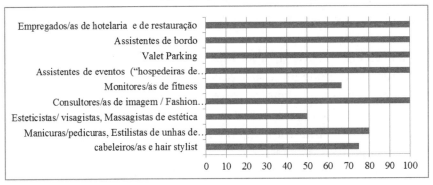

Fonte: Projeto "Mudanças do emprego e relações de género" (FCT – PTDC/SDE/66515/2006).

Estes dados, embora longe de serem representativos, destacam a elevada flexibilidade (também) do ponto de vista do tempo de trabalho e não deixam de suscitar a necessidade de uma análise mais aprofundada sobre as especificidades laborais dos setores em análise (recorde-se que, a nível nacional, os valores gerais apontam para um situação bem distinta: 69,5% dos homens e 80% das mulheres trabalhadoras referem ter um horário fixo)[70]. Quando questionados/as sobre a "possibilidade de escolher o horário/dias de trabalho", constata-se que os níveis de satisfação com esta dimensão são relativamente baixos: a média das respostas é de 2,9, numa escala de 1 a 5[71] – facto que parece indicar a escassez de autonomia relativamente à organização do tempo de trabalho.

---

[70] European Working Conditions Survey (EWCS), Eurofound. Dados extraídos a 29/09/2011.
[71] Numa escala de 1 a 5, oscilando entre nada satisfeito/a (1) e totalmente satisfeito/a (5).

Ora, não se tratando de valores que permitam a extrapolação para o universo, a verdade é que os dados do Inquérito às Condições de Trabalho, referentes a 2010, revelam que a organização dos horários permanece uma matéria ditada unilateralmente pela entidade empregadora.[72]

Em geral, o trabalho realizado é reconhecido como sendo "bastante intensivo" por dois terços das pessoas entrevistadas, embora se revele mais desgastante do ponto de vista físico (assim é revelado por mais de dois terços da amostra) do que psicológico (dimensão expressa por cerca de metade dos/as entrevistados/as)[73]. Os/as "esteticistas, visagistas, massagistas de estética", os/as "consultores/as de imagem, *coach, fashion advisors, fashion stylers, personal stylers, personal shoppers*" e os/as "tripulantes de cabine/assistentes de bordo" correspondem aos grupos que mais exprimem a existência de uma forte intensidade de trabalho, assim como os efeitos negativos da mesma do ponto de vista psicológico e físico.

Uma vez observados os vencimentos auferidos (v. Figura 2.7), constata-se que, em termos de rendimento médio mensal[74], os escalões mais "ocupados" na amostra são os que integram valores entre "450€-899€" e "900€-1252€".

Relativamente ao vencimento, não se registam diferenças assinaláveis entre homens e mulheres. Note-se, porém, que uma análise profícua sobre esta dimensão (ventilada pelo nível de escolaridade e pela profissão exercida) careceria de um maior número de casos em cada categoria profissional. Mesmo assim, é de registar o facto de as profissões menos remuneradas corresponderem aquelas amplamente tipificadas como *femininas* (manicuras, pedicuras,

---

[72] Tendo assim sido reportado por 75% dos/as trabalhadores/as inquiridos (*European Working Conditions Survey, Eurofound*). Acesso em 3/10/2011.

[73] Numa escala de 1 a 5, oscilando entre nada (1), pouco (2), mais ou menos (3), bastante (4) e totalmente (5).

[74] As pessoas entrevistadas foram, a este propósito, convidadas a indicarem qual o seu vencimento médio mensal (líquido) de entre vários escalões remuneratórios predefinidos.

Trabalho emocional e estético nos serviços interpessoais | 73

Figura 2. 7 – Distribuição do rendimento médio mensal (amostra total; n=45)

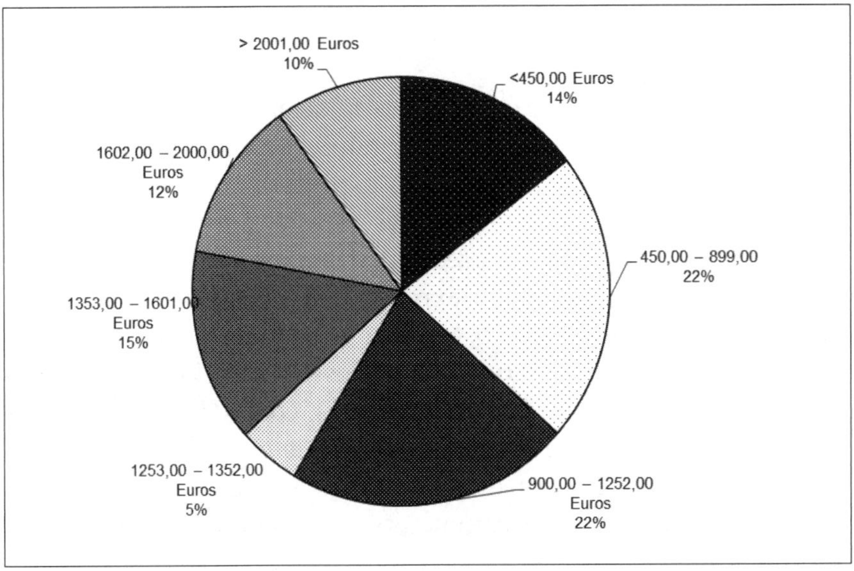

Fonte: Projeto "Mudanças do emprego e relações de género" (FCT – PTDC/SDE/66515/2006).

estilistas de unhas de gel e acrílico, maquilhadores/as; esteticistas, visagistas, massagistas de estética e hospedeiras de eventos), ainda que possamos incluir aqui o segmento de hotelaria/restauração e o de assistência ao estacionamento e parqueamento (*valets parking*). As remunerações superiores são mais comuns entre "os/as tripulantes de cabine" e o grupo que integra "consultores/as de imagem, *coaches, fashion advisors, fashion stylers, personal stylers e personal shoppers*". Há uma maior dispersão de remunerações médias no caso das pessoas entrevistadas que exercem a profissão de cabeleiros/as e *hairstylists*. Em geral, o grau de satisfação com o vencimento é relativamente baixo, com uma cotação média de 3,16 pontos[75].

---

[75] Numa escala de 1 a 5, oscilando entre nada satisfeito/a (1) e totalmente satisfeito/a (5).

2.6. A expressão de emoções na relação interpessoal: atuação superficial ou profunda?

Como referido no capítulo 1, o relacionamento interpessoal tanto pode estar associado a "harmonia" como a "dissonância emocional", consoante as emoções expressas coincidam ou não com aquelas genuinamente sentidas (Hochschild, 1983). Quanto mais as pessoas se sentirem pressionadas a reprimir ou a suprimir as suas emoções privadas e a expressar publicamente as emoções estipuladas pela organização, maior é o esforço emocional mobilizado na prestação de serviços interpessoais. Procurando explorar estas questões junto da nossa amostra, convidámos as pessoas entrevistadas a posicionarem-se perante determinadas asserções. Neste sentido, assume-se que a atuação tende a ser superficial sempre que se constate assentimento relativamente às declarações seguintes:

"Quando estou a trabalhar, assumo um outro papel"

"Quando estou a trabalhar, não mostro os meus verdadeiros sentimentos em certas situações"

Por outro lado, a atuação ocorre num registo mais profundo sempre que seja expressa concordância com os *itens:*

"Empenho-me em sentir as emoções que preciso de mostrar às/aos clientes"

"As emoções que eu expresso às/aos clientes são genuínas"

"As emoções que eu mostro às/aos clientes são espontâneas" [76]

A primeira afirmação ("Quando estou a trabalhar, assumo um outro papel") reúne a concordância de mais de dois terços das/os respondentes[77], destacando-se aqui as/os "consultoras/es de

---

[76] Asserções retiradas de Diefendorff *et al.* (2005: 354-355).

[77] O número de respondentes, neste caso, foi de 31 (inferior, portanto, ao total de pessoas inquiridas).

imagem, coaches, *fashion advisors, fashion stylers, personal stylers, personal shoppers*", as "hospedeiras de eventos" e as/os "tripulantes de cabine/assistentes de bordo" como os grupos mais concordantes. No que diz respeito à asserção "Quando estou a trabalhar, não mostro os meus verdadeiros sentimentos em certas situações", a concordância também é registada pela maioria dos grupos profissionais, sendo de destacar o acordo da totalidade das/os "tripulantes de cabine/assistentes de bordo". Podemos então deduzir que as pessoas entrevistadas reconhecem que o seu desempenho profissional compreende uma dimensão importante de *atuação* e que esta é vista como superficial, protegendo-se as emoções mais íntimas. No entanto, as interpretações sobre este fenómeno parecem estar longe da linearidade exposta pelas teses mais deterministas sobre o trabalho emocional (veja-se o capítulo 1 para um maior desenvolvimento), uma vez que a maioria exprime também concordância relativamente à afirmação "Empenho-me em sentir as emoções que preciso de mostrar às/aos clientes". Destacam-se, mais uma vez, as/as "consultoras/os de imagem, *coaches, fashion advisors, fashion stylers, personal stylers, personal shoppers*" e os/as "tripulantes de cabine/Assistentes de bordo" como os grupos que mais concordam com o sentido desta frase.

O facto de o desempenho da atividade profissional envolver a representação de um *papel* parece, deste modo, associar-se ao entendimento de que o desempenho das funções requer um certo grau de *atuação* – o que pode moderar o esforço emocional mobilizado para a relação interpessoal (Rafaeli e Sutton, 1987). Além disso, esta evidência não é dissociável da constatação de que há espaço para a espontaneidade na interação dos serviços; com efeito, a maioria das pessoas entrevistadas assume que as emoções expressas às/aos clientes são genuínas e espontâneas. É interessante verificar que o grupo de "tripulantes de cabine/assistentes de bordo" é aquele que menos concorda com a primeira declaração (expressão de emoções genuínas) e é ainda mais claro na discordância com a segunda (expressão de emoções espontâneas). Esta situação pode decorrer do facto de se tratar do segmento

76 | Trabalho Emocional e Trabalho Estético: Na Economia dos Serviços

profissional onde as normas de interação estão mais formalizadas, em particular no que diz respeito a matérias sobre segurança e assistência a passageiros/as. A existência de procedimentos escritos e de formação sobre estas matérias pode induzir uma perceção de menor genuinidade e espontaneidade no relacionamento interpessoal. As/os profissionais que se destacam pela maior concordância são as/os "consultoras/es de imagem, *coaches, fashion advisors, fashion stylers, personal stylers, personal shoppers*" e as "assistentes/ hospedeiras de eventos". As ambivalências aqui detetadas parecem refletir a própria natureza do trabalho interpessoal, tal como exploramos no próximo ponto.

2.7. A ambivalência associada ao trabalho emocional e estético: entre *prazer* e *dor*[78]

É expressiva a proporção de trabalhadores e trabalhadoras que afirma ser "frequentemente" ou "muito frequentemente" desrespeitada verbalmente pelos/as clientes (praticamente três quintos da amostra). Ainda assim, a relação com o público não é percecionada como penosa; aliás, nenhuma pessoa entrevistada a considerou como "nada ou pouco[79] satisfatória". Constata-se, antes, que a maioria (mais de dois terços) considera que essa interação é "bastante" (resposta modal) e "totalmente" satisfatória[80], apesar das reservas mais expostas por alguns grupos profissionais – "monitores/as de *fitness*", "hospedeiras de eventos", "assistentes de estacionamento *(valets parking)*", "tripulantes de cabine/assistentes de bordo" e "empregadas/os de hotelaria e restauração" (nestes caso, nenhum/a respondente considerou a relação como "totalmente satisfatória"). As conclusões dão assim conta da ambivalência ine-

---

[78] Utilizamos aqui a expressão de Korczynski (2009): *pleasure and pain.*

[79] Numa escala de 1 a 5, oscilando entre nada (1), pouco (2), mais ou menos (3), bastante (4) e totalmente satisfeito/a (5).

[80] A categoria "bastante" é assinalada por metade das pessoas entrevistadas; um décimo refere estar "totalmente satisfeito/a"

rente ao trabalho prestado no âmbito dos serviços interpessoais, tal como explorado por parte da literatura não determinista sobre o tema (capítulo 1). Note-se ainda que a relação com os/as clientes é a dimensão que, no quadro dos *itens* referentes ao contexto laboral, mais satisfação colhe entre a população entrevistada (média: 4,06), seguindo-se a relação com colegas (média: 3,93).[81]

São vários os depoimentos recolhidos que parecem sustentar a tese segundo a qual a relação interpessoal inerente à prestação de serviços é pautada tanto por dimensões penosas (dor) como por experiências potenciadoras de gratificação (prazer). O Quadro 2.4. apresenta alguns dos excertos que dão conta da valorização da dimensão interpessoal. Como se pode constatar, a recompensa intrínseca decorrente do contacto com terceiros/as é um dos aspetos mais frequentemente sublinhado pelas pessoas entrevistadas.

**QUADRO 2. 4 – O trabalho interpessoal
como experiência gratificante – depoimentos**

Adoro! É o que mais me fascina neste trabalho é esta relação! Eu costumo descrever o meu trabalho como: faço o que gosto... Eu estou-lhe a fazer as unhas e ... ainda vou para casa com dinheiro (risos). É assim que eu descrevo o meu trabalho. Gosto! (Susana Duarte,Manicura / Estilistade unhas de gel)
O que é que mais gosto?! É a empatia que se gera entre a profissional e o cliente! E, quando somos profissionais, o cliente acaba por confiar no nosso trabalho e entrega-se... (Cecília Regina, Esteticista)
Acho que a relação com o cliente é o que mais gostamos nesta profissão... é o podermos trabalhar diretamente com um cliente que nos chega com uma postura e, depois de trabalhar connosco, sai com outra completamente diferente. E o próprio carinho e alegria com que a pessoa nos trata depois do final da prestação que fazemos... Acho que isso é uma recompensa muito grande no nosso trabalho. (Célia Leal,Consultora de Imagem)
De uma forma geral fazer o meu trabalho e no fim receber um agradecimento ou um sorriso ou ver que a pessoa sai dali satisfeita e contente com o serviço que lhe foi prestado, não é?!... Portanto acaba por ser mais compensador nesse aspeto. (Gil Fernandes, Assistente de Bordo)

Fonte: Projeto "Mudanças do emprego e relações de género" (FCT – PTDC/SDE/66515/2006).

---

[81] Numa escala de 1 a 5, em que um (1) corresponde a "nada satisfeito/a" e cinco (5) a "totalmente satisfeito/a".

Pode também depreender-se que o reconhecimento demonstrado pelos/as clientes relativamente ao serviço prestado é uma das recompensas mais apreciadas, revelando-se um elemento gerador de emoções positivas. Do mesmo modo, é-nos apresentada como gratificante a perceção de que o serviço prestado produziu estados emocionais positivos junto dos/as respetivos/as clientes. Esta evidência vem contrariar a visão estritamente instrumental acerca do trabalho emocional (veja-se o capítulo 1) e dá-nos conta de que o beneficiário ou a beneficiária do serviço é visto/a como *pessoa* e não meramente como um/a *cliente*. Na linha de Sharon Bolton (2005), encontrámos igualmente depoimentos que relevam o trabalho emocional como uma dádiva que se concede a outrem; as emoções expressas tendem, nestes casos, a ser mais genuínas, remetendo para uma dimensão *filantrópica*, altruísta e propiciadora de satisfação e realização individual. Detenhamo-nos em alguns dos depoimentos mais expressivos:

> *O meu trabalho exige alguma parte emocional. Nós lidamos com situações... complicadas. Eu conhecia o marido de uma senhora com leucemia (...). Era a primeira vez que rapava o cabelo a uma pessoa com aquele problema de saúde, não é? Eu entrei, claro que tive de agir com a maior naturalidade. Tentar reagir o mais natural possível. Subimos, eu cortei-lhe o cabelo... Quando olhei pra ela... é daquelas coisas que a gente não pode mostrar o que está a pensar, mas eu pensei: bolas, aquela não é a cabeleira que eu conhecia. (...) E pensei, nem penses em pedir dinheiro! Nem penses em dizer quanto é que é... Eu não vou aceitar dinheiro nenhum! Eu vou fazer isso de boa vontade, porque eu acho que vou ter que to fazer e é uma obrigação que eu tenho é fazer isso. (...) Quando saí de lá, nem o comer passou, eu nesse dia não almocei... Mas porquê? Ela só tem mais um ano do que eu, mas o que é isto?*

(Isabel Costa, Cabeleireira)

Retemos ainda um outro excerto que evidencia a importância do sentido de ajuda e de apoio à promoção do bem-estar da pessoa interlocutora, no sentido do conforto e alívio de sofrimento:

Gosto... (...) É ouvir a história do outro e estar numa postura de ajuda, não é?! De sentir que aquilo que eu aprendi ou aquilo que eu aprendo, que tenho vindo a aprender, eu posso partilhar e ajudar... Ser catalisadora, ser promotora de mudanças, ou de mudanças internas, ou mudanças que se possam traduzir em mudanças externas na vida daquela pessoa... Há esse prazer muito grande, esse gosto!
(Júlia Galante, Consultora de Imagem/Coach)

São várias as passagens que, no decurso das entrevistas, são consistentes com o princípio de que o valor da relação interpessoal extravasa o mero valor de troca (a relação mercantil inerente ao contrato de trabalho). Este sentido de *humanidade* está ainda presente na referência à amizade estabelecida com alguns ou algumas clientes – dimensão tida como um dos traços mais gratificantes do exercício da atividade profissional. Há, assim, quem evoque a força dos laços e uma relação de décadas:

Eu tenho clientes que estão comigo desde há 20 anos. E isso para mim é muito bom, tenho um carinho muito especial por elas. Essas pessoas que andam comigo desde sempre... (Fernanda Aleixo, Cabeleireira)

A relação de proximidade e a partilha de confidências pelo/o beneficiário/a do serviço são dimensões descritas como prazerosas, assumindo-se que, nestes casos, está a ser reconhecido tanto o valor profissional como a confiança pessoal. É ainda gerada a sensação de que há um elo relacional entre pessoas *iguais*, como se as distinções de classe, poder ou de estatuto social se diluíssem naquele encontro (veja-se também Gimlin, 1996) – como ilustra este depoimento:

Aquilo que me dá mais satisfação? A amizade mesmo. Da cliente para comigo. Quando me trata de igual para igual. Quando não olha para mim como uma profissional... Olha para mim, conversa comigo, com amizade (...). E isso para mim é uma grande satisfação a nível do trabalho.
(Lídia Silva, Esteticista)

A perceção de uma prestação gratificante não é independente do esforço emocional. Aliás, este é, em geral, bastante mobilizado de modo a enaltecer a sensação de empatia e de bem-estar das/os

80 | Trabalho Emocional e Trabalho Estético: Na Economia dos Serviços

clientes (veja-se também Gimlin, 1996; Kang, 2003). Simultaneamente, procura-se garantir o respetivo retorno em atendimentos futuros (a fidelização da pessoa a quem se presta o serviço). Importa, assim, reconhecer que a *humanidade* inerente à relação de serviços pode coexistir com uma dimensão mais instrumental (motivação pecuniária), sobretudo num contexto em que as remunerações são relativamente baixas (caso da indústria da beleza e da estética, por exemplo) e podem ser acrescidas de gratificações (vulgo "gorjetas", oferecidas pelas pessoas clientes) e de comissões (percentagem concedida pela entidade empregadora em função do volume de receitas gerado pelo/a trabalhador/a). Ainda, a este respeito, é interessante a situação que decorre da solidariedade instrumental estabelecida com o/a cliente, em detrimento da solidariedade com a empresa empregadora – ocorrência bem ilustrada neste depoimento:

> *Há pessoas que quando descem do quarto não querem ter que pedir o carro, querem ter o carro à porta e o hotel impedia-nos isso ... Óbvio que eu sei que o cliente gosta de ter o Mercedes dele à porta quando ele desce, com a chave na ignição, com a porta aberta... E eu sei que ele vai-me dar cinco ou dez euros só por causa disso. É óbvio que eu vou fazer isso ao cliente! Mas tínhamos, por outro lado, o hotel que, por sua vez, nos paga pouco porque nós recebemos gorjetas, mas não nos deixa ter os carros à porta para os clientes...* (Filipe Porto, Assistente de estacionamento, *valet parking)*

Como se fez referência no capítulo precedente, Korczynski (2009) explorou a ambivalência contida na relação com os/as consumidores/as, que tendem a ser vistos/as como amigos/as e inimigos/as. Do mesmo modo, as respetivas relações interpessoais podem gerar quer emoções negativas (tensão e desconforto), quer positivas (satisfação e realização individual). No caso do nosso estudo, os testemunhos dão também conta de relações e momentos tensionais, mobilizadores de um elevado esforço emocional:

Trabalho emocional e estético nos serviços interpessoais | 81

Quadro 2. 5 – O trabalho interpessoal como experiência tensional – depoimentos

Desconforto é a incompreensão. É nós darmos tudo à cliente e em troca não termos nada. É o desconforto que eu sinto, quando nós fazemos tudo para agradar e, por algum lapso nosso, algo que não correu bem e a cliente não nos tolera, não nos tolera uma falha. Não nos tolera um... Não são todas as clientes, mas uma grande parte sim... (Lídia Silva, Esteticista)
Mas às vezes detesto-as! (risos) Não tenho paciência nenhuma. (Sofia Sá, Monitora de *fitness*)
Estou saturada também. Gosto, mas estou muito cansada! Porque é difícil, é muito difícil lidar com o público. (Carolina Prates, Hospedeira de Eventos)
Na relação com o cliente ...há de tudo... Há uns que são simpáticos e que nos arrancam sorrisos a toda a hora e há outros que são antipáticos e que só nos dá vontade de lhes bater... (Bruno Esparteiro, Assistente de estacionamento, *valet parking*)
Lembro-me da atitude da minha primeira cliente. (...) Lembro-me da senhora que perguntou à dona do cabeleireiro pela outra [empregada]. E a dona do cabeleireiro disse "Já foi embora! (…). E agora temos aqui esta menina que é a Julieta". E a senhora olha-me de alto-abaixo e diz: "O que é bom vai embora e só vem porcaria!" Foi a minha primeira cliente... (Julieta Santos, Esteticista)

Fonte: Projeto "Mudanças do emprego e relações de género" (FCT – PTDC/SDE/66515/2006)

Pode verificar-se que as emoções mais negativas estão associadas à perceção de ausência de tolerância da parte da pessoa interlocutora ou de não valorização do serviço prestado, às dificuldades de estabelecimento de uma relação interpessoal onde a simpatia se revele recíproca, ou mesmo ao sentimento de humilhação que pode resultar de agressões verbais – que, como vimos, lhes são infligidas com alguma frequência. Contudo, há fatores que atenuam os efeitos psicossociais negativos que decorrem do esforço emocional associado a estas experiências, como é o caso do tipo de interação e do estatuto socioprofissional, por exemplo. Nas profissões associadas a um estatuto socioprofissional mais elevado, a vulnerabilidade na relação interpessoal tende a ser menor (assim sucedeu com os/as profissionais que prestam serviço como consultores/as de imagem, por exemplo) e o esforço emocional, por conseguinte, revela-se menor. Pode também considerar-se o tipo de interação; ao contrário do que sucede com os/as serviços de rotina (v. capítulo 3), a maior variedade dos contactos interpessoais parece ser um amortecedor importante – como ilustra, por exemplo, este depoimento:

> *Gosto. Para já, maior variação, não é?! Não é sempre a mesma pessoa... Pronto, também ajuda. Segundo, cada caso é completamente diferente e isolado e temos que pensar bem, não é?! Não só como ser humano. (...) E depois há sempre coisas para resolver, são sempre desafios. (...) Às vezes consegue-se, outras vezes não...*
> (Raquel Ferrugem, Esteticista)

É igualmente interessante notar que, pese embora a regulação implícita ou explícita do trabalho emocional e estético, é evidente alguma margem de autonomia detida pelas/os trabalhadoras/es em questão. Numa secção anterior, demos conta da aparente aceitação das hospedeiras de eventos em relação ao normativo de beleza feminina, à recriação da *feminilidade* por via de um trabalho vincadamente performativo e, até, à dimensão objetificada e erotizada que o mesmo assume em algumas circunstâncias. No entanto, tal como ali aludimos, não se afigura possível concluir que há um processo de alienação e de despersonalização (Hochschild, 1983). O testemunho seguinte, por exemplo, dá conta de uma certa ironia em torno do esforço emocional, remetendo para a plena consciência da dimensão *performativa* associada ao trabalho realizado:

> *A hospedeira não tem dor! A hospedeira não se queixa! A hospedeira é simpática! E dá... as coisas que tem de dar ou de dizer e pronto. Se nos puserem 12 horas de pé, por exemplo a fazer microfone, que é estar nas conferências e levar o microfone aos intervenientes... Temos que estar. Depois, também temos de fazer de jarra! Que é só vestir um fato bonito e estar ali (risos) "Olá, boa noite como está? Olá, boa noite"...*
> (Carla Simões, Hospedeira de Eventos)

São ainda comuns os depoimentos (v. Quadro 2.6) que relevam o recurso a estratégias de autoafirmação e de assertividade que são mobilizadas com o propósito de salvaguardar a preservar a própria dignidade.

Quadro 2. 6 – Estratégias individuais de preservação da dignidade – depoimentos

Falta de respeito! Eu não tolero faltas de respeito. Sou paga não é para aturar faltas de respeito, nem indelicadezas. Principalmente de adultos! Não estamos a falar de crianças, estamos a falar de pessoas adultas que quando elas vêm com aquela teoria "Eu pago o seu ordenado!", eu digo: "É engraçado nunca tive nenhuma transferência da sua conta"! (Sofia Sá, Monitora de *fitness*)

Eu começo por ser dócil, tentar explicar que é daquela maneira... Depois, há ali um patamar em que tenho que ser assertiva, mas depois tenho que ser um bocadinho mais rígida, quando penso que a pessoa não está a perceber o que tem que fazer. (...) As regras são para serem cumpridas. É a própria segurança do passageiro. (Maria Almeida, Assistente de Bordo)

Eu não ia dizer quando eles são atrevidos...! Atrevidos...! "-Ah está tão gira...!" Porque isso é normal! Nós temos que saber lidar com a atrevidice. Temos mesmo que saber lidar...! (Carla Simões, Hospedeira de Eventos)

Mas também é assim: isto depois uma pessoa vai evoluindo... Eu antigamente, no início, atendia tudo e toda a gente! Agora atendo quem eu quero! (...) Atendo a primeira vez, já não atendo mais! (...) Eu antes achava que, como era nova, como era nova neste mundo, a cliente tinha sempre razão. Hoje em dia já não penso assim! Tipo: sei o que eu valho e não deixo que me pisem! (Susana Duarte, Manicura de Unhas de gel)

Fonte: Projeto "Mudanças do emprego e relações de género" (FCT – PTDC/SDE/66515/2006)

As reflexões finais serão apresentadas após o capítulo 3, que reflete sobre o trabalho emocional nos serviços interpessoais de rotina – o caso dos *call centres*.

3.

Trabalho emocional
nos serviços interpessoais de rotina:
o caso dos *call centres*

3.1. Introdução

As políticas empresariais orientadas para a satisfação do/a cliente, a ênfase na qualidade total, a difusão de novas tecnologias de informação e comunicação (TIC), a procura de flexibilidade organizacional e as estratégias de GRH inspiradas nos princípios de racionalização flexível (de que é exemplo o recurso ao trabalho temporário, à subcontratação e ao *outsourcing*) são alguns dos fatores que têm estado na base do crescimento de empresas *call centres* e do aumento das profissões de processamento de dados, sobretudo desde a década de 1990 (Casaca, 2006a; Kovács e Casaca, 2008; Casaca, 2012a/no prelo). No que diz respeito ao segmento de atividade de *call centres*, estima-se que, até 2007, Portugal tenha sido o quinto país com a taxa de crescimento mais rápida na região da Europa, África e Médio Oriente (EMEA), sendo responsável pelo emprego de cerca de 1% da população ativa nacional.[82] Atualmente, bancos, seguradoras, vários estabelecimentos comerciais, alguns organismos da administração pública central, regional e local, assim como todas as empresas operadoras de telecomunicações e de serviços de *internet*, dispõem de *call centres*

---

[82] Trata-se de dados divulgados pela *International Faculty for Executives*, noticiados pelo Diário Económico de 12 de abril de 2004 (dossier *call centers*). Segundo um representante do ICEP, citado naquela fonte, até 2010, o setor poderá criar entre 40 a 60 mil postos de trabalho.

que prestam um serviço de apoio a clientes. Como mais tarde se desenvolverá, parte significativa destas empresas presta atividade durante 24 horas por dia, a que se associa o predomínio de uma gestão flexível da força de trabalho, sobretudo num registo de flexibilidade numérica ou quantitativa; por conseguinte, é comum o recurso ao trabalho a tempo parcial, a contratos a termo e ao regime de trabalho temporário (Casaca, 2006a,b; Santos e Marques, 2006; Kovács e Casaca, 2008). A este propósito, é ainda frequente o estabelecimento de uma rede de subcontratação: uma dada empresa subcontrata uma empresa *call centre* para a prestação de serviço de apoio a clientes; e esta, por sua vez, subcontrata uma empresa de trabalho temporário (ETT) para "cedência" e gestão dos/as trabalhadores/as.

Este capítulo recai sobre o trabalho emocional realizado pelos/ /as operadores/as de serviço de *call centre*, considerando as exigências colocadas quer pela relação interpessoal com os/as clientes (*service encounters*), quer pelas condições de trabalho e de emprego. Trata-se de uma categoria que integramos nos *serviços interpessoais de rotina*[83], dado que conjuga características dos serviços de rotina e dos serviços interpessoais, à luz da tipologia definida por Reich (1992) (v. capítulo 1). Tendo presente a elevada burocratização e estandardização dos procedimentos de trabalho, consideramos que um dos conceitos que melhor descreve este segmento é o de "trabalho dos serviços interpessoais" (*interactive service work*), tal como desenvolvido por Robin Leidner (1993). Os *call centres* têm sido descritos como os escritórios[84] de uma *nova* economia assente nos serviços (Warhurst *et al.*, 2000), associando-se ao setor das tecnologias de informação e comunicação e ao desenvolvimento da sociedade em rede (Castells, (2000 [1996]). Impõe-se assim o

---

[83] Numa outra publicação, incluímos também nesta categoria as/os operadoras/es de caixa de supermercado (Casaca, 2012a/no prelo). Noutra, concentrámo-nos no setor das TIC e na inerente segregação sexual (Casaca, 2006a). Para uma análise da segmentação laboral neste último setor de atividade, veja-se ainda Kovács e Casaca (2008).

[84] Sobre os escritórios e o fenómeno de segregação sexual, veja-se o estudo aprofundado desenvolvido por Virgínia Ferreira (2003).

levantamento de algumas questões: como pode ser descrita a organização do trabalho e as condições de emprego que ali têm lugar? Qual o perfil de trabalhador ou trabalhadora de um *call centre*? Que exigências se colocam ao exercício da atividade laboral? Qual a intensidade do esforço emocional mobilizado na interação com os/as clientes? Do ponto de vista subjetivo, quais as perceções sobre a situação laboral e profissional? Estas são algumas das interrogações que estimularam a nossa investigação e às quais se procura dar resposta ao longo das secções seguintes.

A pertinência do estudo prende-se com o facto de as interações interpessoais com os/as clientes serem, no caso dos *call centres*, muito frequentes e sustentadas por procedimentos normativos e de trabalho que implicam uma elevada rotinização. Trata-se, no fundo, de características que distanciam este segmento laboral daquele estudado previamente (capítulo 2), onde a frequência dos contactos e o nível de rotina se revelaram claramente menos intensos. Dito de outro modo, a regulação das emoções mais privadas (genuínas) é um requisito fundamental no âmbito do trabalho que prestam, esperando-se que sigam estritamente as normas impostas pela gestão e prestem um serviço que garanta a total satisfação dos/as clientes (Hochschild, 1983). No entanto, a relação interpessoal é, neste caso, mediada por novas tecnologias de informação e comunicação (contacto não facial), tendo lugar no decurso de telechamadas. Esta especificidade introduz questões muito pertinentes que importa explorar. Como se viu no capítulo 1, Morris e Feldman (1996), por exemplo, sustentaram que o esforço emocional é menor quando as relações interpessoais dispensam a interação facial e são de tipo apenas vocal. Procurou-se, pois, perscrutar melhor o sentido deste argumento no caso do segmento profissional agora selecionado.

3.2. O formato da investigação e da amostra: breve caracterização

O estudo que está na origem deste texto precedeu a investigação refletida no capítulo anterior. Parte substancial do traba-

88 | Trabalho Emocional e Trabalho Estético: Na Economia dos Serviços

lho empírico decorreu no âmbito de um projeto de investigação financiado pela FCT (decorrido entre 2000 e 2004[85]), foi complementado com a investigação inerente ao desenvolvimento da dissertação de doutoramento (Casaca, 2005) e mereceu sucessivas atualizações, sobretudo no que diz respeito à recolha e análise de dados secundários (Casaca, 2012a/no prelo). A pesquisa em questão, apoiada tanto no método quantitativo como qualitativo, procurou apreender quais os principais atributos requeridos para o exercício da função de operador e operadora de *call centre*, as representações sociais associadas, as condições de trabalho e de emprego, assim como as perceções subjetivas acerca das mesmas. Centrou-se fundamentalmente na Área Metropolitana de Lisboa, ainda que tenham também sido realizadas entrevistas no Grande Porto e em Aveiro (zonas geográficas com maior concentração de empresas que operam no domínio em estudo).

A análise aqui desenvolvida decorre de quatro estudos de caso: duas empresas de serviço de *call centre* e duas empresas de trabalho temporário subcontratadas pelas primeiras. Procede também dos dados recolhidos por via de um inquérito por questionário aplicado a 63 trabalhadores/as (28 homens e 35 mulheres) e do conteúdo de entrevistas: 10 realizadas a operadoras e operadores de *call-centre* (6 e 4, respetivamente), duas (2) a delegados sindicais[86] e quatro (4) aos/às responsáveis das empresas contactadas (diretores/as ou gestores/as de recursos humanos). Estas últimas entrevistas integraram um processo de recolha de informação mais vasta junto das empresas, tendo as questões incidido sobre os procedimentos de recrutamento e seleção, o perfil da força de

---

[85] "As Formas Flexíveis de Trabalho e Emprego: Riscos e Oportunidades", coordenado por Ilona Kovács (financiado pela FCT – Fundação para a Ciência e Tecnologia, POCTI N.º 33042/SOC/2000) e realizado no âmbito do SOCIUS (Centro de Investigação em Sociologia Económica e das Organizações), do ISEG-UTL (Instituto Superior de Economia e Gestão, da Universidade Técnica de Lisboa). A autora agradece a colaboração prestada por Mariana Leite Braga.

[86] Dirigentes do SINDETELCO (Sindicato dos Trabalhadores das Telecomunicações e Audiovisuais) e do SINTTAV – Sindicato Nacional dos Trabalhadores das Telecomunicações e Audiovisuais.

trabalho, as políticas e práticas inerentes à contratação, formação, organização e tempos de trabalho, avaliação do desempenho, remunerações e recompensas. Complementarmente, procedeu-se à análise da informação disponibilizada (*newsletters*, *websites*, organograma, anúncios de emprego, conteúdo formativo e descrição de funções). Apesar de não ter sido concedida autorização para observar os trabalhadores e as trabalhadoras no exercício da sua atividade profissional, uma das empresas assentiu na observação do curso de formação para iniciados e iniciadas na função, após a fase de recrutamento, assim como na visita às instalações onde funciona o centro de atendimento.

Quanto à seleção das empresas, foi elaborada uma lista de *call centres*, com prestação de serviços no domínio das telecomunicações e da informática (*hardware* e *software*) (apoio a serviços de voz, tanto da rede fixa como móvel, e de dados/internet). Seguidamente, foi enviada uma carta a solicitar a colaboração no estudo, acompanhada da explicitação dos propósitos do mesmo. As duas empresas participantes responderam positivamente ao pedido efetuado, e em tempo útil no quadro do cronograma previsto para a realização do projeto. Após um primeiro contacto com as mesmas – e em resultado da evidente rede de subcontratação responsável pela cedência de trabalhadores/as (recurso a Empresas de Trabalho Temporário) –, optou-se por estender o estudo a duas ETT entretanto identificadas. Trata-se de *call centres* que funcionam como centros de atendimentos de chamadas de voz *(inbound centres)*; além do telefone, do computador e dos usuais acessórios informáticos básicos, estão também presentes tecnologias de informação e comunicação mais sofisticadas – de que é exemplo o sistema de distribuição automática de chamadas (ACD – *Automated Call Distribution System*)[87]. É de reter que, noutros casos, acresce ainda a componente *outbound*, a qual ocorre quando a empresa subcontratante (serviço a clientes finais) pretende publicitar alguns pro-

---

[87] Este sistema tem evoluído no sentido de permitir a operação de *contact centres* (interação com o/a cliente através de *e-mails*, *chats*, SMS...).

90 | Trabalho Emocional e Trabalho Estético: Na Economia dos Serviços

dutos ou serviços novos ou proceder à inquirição telefónica de clientes já existentes (questionários sobre a satisfação do/a cliente, por exemplo) ou potenciais (auscultação de mercado).

Os questionários e as entrevistas individuais tiveram lugar fora do local de trabalho, depois de sondada a disponibilidade dos trabalhadores e das trabalhadoras; o processo de seleção decorreu de modo não aleatório. Os locais foram sempre sugeridos pelos trabalhadores e pelas trabalhadoras em questão, procurando-se salvaguardar o respetivo anonimato e, ainda, as condições acústicas necessárias à realização da gravação áudio. A deslocação fez--se, assim, a residências particulares, cafés e esplanadas; em alguns casos, porém, as pessoas inquiridas optaram pela deslocação ao ISEG (possibilidade sempre em aberto, com reserva de sala para o efeito). No primeiro caso (inquérito por questionário), a duração média das respostas foi de 45 minutos; no segundo, foi de 90 minutos. As entrevistas com os dois delegados sindicais tiveram lugar nas instalações dos respetivos sindicatos, desenrolando-se por um período aproximado de uma hora. As questões incidiram sobre a posição dos mesmos relativamente ao crescimento dos *call centres*, às características da força de trabalho, à rede de subcontratação e às condições laborais em geral.

A informação recolhida através das empresas e dos sindicatos acerca do perfil da força de trabalho (tema a que retornaremos mais adiante) revela que as mulheres estão mais representadas do que os homens no exercício desta profissão; assim sucede também no caso da nossa amostra (55,6%), embora a diferença não seja expressiva e tenha alguns matizes (como desenvolveremos). Ainda que o nível de escolarização seja em geral relativamente elevado – sobretudo quando o termo de comparação é a média nacional[88], mantém-se o padrão de sobre-escolarização feminina: as opera-

---

[88] Importa recordar que, em 2008, a percentagem de jovens (idades compreendidas entre os 20 e os 24 anos de idade) com o ensino secundário completo era de 47,1% no caso dos homens e de 61,9% no que diz respeito às mulheres (a média da UE27 era de 75,8% e 81,4%, respetivamente) (EC, 2010b: 159).

doras de *call centre* inquiridas são mais escolarizadas do que os seus colegas do sexo masculino (74% *versus* 55% concluíram ou estão a frequentar o ensino universitário). É conhecida a marca de juventude deste setor de atividade, também refletida na amostra; no entanto, a idade é ligeiramente superior no caso das operadoras: 25 anos, enquanto a dos operadores é de 19 anos. Apenas seis pessoas (quatro mulheres e dois homens) vivem em relação de casal (formalizada ou não) e uma trabalhadora é mãe de uma criança de 3 anos de idade (situação de família monoparental).

3.3. Quando a voz sorri. Os mecanismos de produção e regulação das emoções

No caso do nosso estudo, as atividades prestadas pelos trabalhadores e pelas trabalhadoras são fundamentalmente de atendimento telefónico (componente *inbound*). A garantia de um desempenho profissional que integre a amabilidade, a simpatia, a paciência, a capacidade de ouvir e a resistência a tarefas monótonas depende do sucesso de várias fases inerentes à GRH. Em primeiro lugar, destaca-se a etapa de recrutamento e seleção, i.e., a admissão das pessoas candidatas que tenham revelado as características mais favoráveis ao desenvolvimento de competências emocionais e relacionais "compatíveis com os requisitos da função". Trata-se, no fundo, de características socialmente mais associadas às mulheres, ajudando a explicar a maior presença destas no segmento dos *call centres*. Esta representação feminina faz-se notar essencialmente nos domínios dos serviços de telecomunicações (rede de voz) e no atendimento de primeira linha (*front-office*) (tópico que desenvolveremos adiante). A este respeito, todas e todos nos recordamos de um dos primeiros anúncios publicitários, amplamente difundido, que apresentava uma operadora de *call centre* de uma seguradora – a sorridente Marta, sempre disponível para resolver qualquer questão ou problema exposto por clientes (Figura 3.1).

92 | Trabalho Emocional e Trabalho Estético: Na Economia dos Serviços

FIGURA 3.1 – Fotografia de operadora de *call centre*
(imagem usada em publicidade comercial)

Fonte: http://www.dinheirovivo.pt/Buzz/Artigo/CIECO009298.html
Acedido em 18/12/2011

Já a contratação de pessoas jovens prende-se com a representação social em torno de uma maior resistência psicológica ao stresse, de dinamismo e destreza, de boa disposição, de adaptabilidade a diferentes situações, de capacidade de relacionamento interpessoal, de flexibilidade e disponibilidade para trabalhar por turnos e para preencher horários que, numa idade mais avançada, poderiam ser incompatíveis com as responsabilidades familiares. A preferência pela contratação de pessoas com habilitações escolares de nível superior (ou com frequência universitária) relaciona-se com a maior probabilidade de reunirem conhecimentos de informática e de línguas estrangeiras (sobretudo, inglês). Os anúncios de emprego evocam ainda como requisitos uma boa dicção (fluência verbal), capacidade de comunicação e de argumentação, pontualidade, organização, empatia, iniciativa, responsabilidade e motivação para o relacionamento com clientes (veja-se, a este propósito, também Callaghan e Thompson, 2002).

Às fases de seleção e recrutamento acrescem outros mecanismos orientados para a produção e regulação das emoções *adequadas*. Assim sucede com a formação inicial (em alguns casos, contínua e sistemática), a avaliação de desempenho e os sistemas de recompensas ou de penalização (consulte-se também Rafaeli e Sutton, 1987). Tanto na formação inicial como na relação com o/a supervisor/a, são aprendidas as normas e os procedimentos que visam garantir a exibição de emoções positivas na interação com o/a cliente. Neste sentido, parte considerável dos conteúdos formativos é dedicada ao modo como as trabalhadoras e os trabalhadores devem conduzir o atendimento telefónico, exprimindo amabilidade, deferência, empatia, disponibilidade, diligência, rigor, clareza, entusiasmo e confiança; como devem gerir reclamações e situações difíceis, mantendo a calma e o autocontrolo; como devem evitar expressões que possam sugerir hesitação ou negação; como podem manter uma escuta ativa no decurso da telechamada e atender aos necessários cuidados com a voz – sendo que a combinação entre tom, volume e pausas respiratórias deve soar agradável, amigável e enfática. O Quadro 3.1. sintetiza as normas que regulam a expressão das emoções e a interação durante o atendimento telefónico.

A gestão procura, por esta via, garantir a estandardização no serviço de apoio a clientes. Uma vez que as operadoras e os operadores são responsáveis pela concretização desta tarefa, de acordo com o sistema tecnológico de distribuição automática de chamadas (ACD), a formação incide também sobre o funcionamento do mesmo. Nesta fase, aprende-se a identificar rápida e eficientemente questões e repostas-padrão, tendo por base um guião pré-estabelecido disponível no sistema (comummente designado de *script*), a processar e atualizar dados no mesmo, a procurar informação útil e a reportar assuntos em aberto (problemas não resolvidos) à equipa ou às pessoas supervisoras.

94 | Trabalho Emocional e Trabalho Estético: Na Economia dos Serviços

Quadro 3.1 – Protocolo de atendimento telefónico

Verifique o seu tom de voz (caloroso, claro, pausado, com entusiasmo...).

Início e desenrolo da chamada:

- Cumprimente o cliente com "bom dia", "boa tarde" ou "boa noite". Ofereça a sua ajuda. Apresente-se, referindo o seu nome.

  Exemplo: "Bom dia, fala Ana Pratas, em que posso ser-lhe útil?"

- Pergunte o nome... número de cliente.

- Faça sempre referência ao nome do cliente, antecedido por Sr.ª, Sr. ou o título que consta na base de dados.

- Foque-se no problema: identifique-o (lista de perguntas-respostas padrão) e resolva-o.

- Caso precise de algum tempo para efetuar a consulta, peça permissão para colocar a chamada em espera. Agradeça, depois, pelo tempo em espera e forneça a sua solução ao cliente.

- Caso precise de transferir a chamada, certifique-se de que há um colega no departamento de destino disponível para atender; peça permissão para realizar a transferência e explicite as razões da mesma.

- Caso o cliente insista numa reclamação, mostre compreensão; transmita confiança e emoção positiva.

Fecho da chamada:

- Após a resolução das situações colocadas pelo cliente, reafirme a sua disponibilidade perguntando "Há mais alguma questão em que lhe possa ser útil?"

- Agradeça o contacto do cliente – "Obrigado pelo telefonema, tenha um bom dia, sr. /sr.ª..."

Além da elevada burocratização (e estandardização) dos procedimentos de trabalho e das interações com os/as consumidores/ /as, importa ainda ter presente os mecanismos de controlo e de avaliação de desempenho. A gestão procura, também por este meio, regular a exibição das emoções adequadas e garantir que todo o esforço individual continua a ser mobilizado nesse sentido. Os depoimentos seguintes ilustram bem a omnipresença dos sistemas de supervisão e a consequência que pode ter uma avaliação negativa:

> *O nosso coordenador... ou grava, se não tiver a possibilidade de estar a ouvir diretamente, grava a conversa e, depois, faz a avaliação dessa chamada. Se tiver a possibilidade de fazer, portanto, de ouvir diretamente, está do outro lado a ouvir, e vai fazendo a avaliação.*
>
> (Operadora de *call centre*)

> *A avaliação segue estes critérios: 50% atendimento, simpatia, amabilidade, disponibilidade: e, depois, os outros 50% dividem-se entre a qualidade das informações prestadas e o tempo [quantidade de chamadas num determinado tempo]...*
>
> (Operadora de *call centre*)

> *Essas avaliações podem conduzir uma pessoa a despedimento. Já tem acontecido a colegas meus que não cumprem esses requisitos...*
>
> (Operador de *call centre*)

O controlo é bastante intensivo e incide sobre várias dimensões do trabalho desempenhado: a rapidez com que, perante a questão exposta, a resposta-padrão foi identificada e prestada à pessoa cliente; a qualidade e o rigor dessa informação; a gestão da interação interpessoal e a expressão das emoções adequadas (positivas) durante o atendimento telefónico. Como se fez referência, todas as chamadas ficam registadas; depois, e com alguma frequência, os/as supervisores/as exibem as gravações perante toda a equipa. Este procedimento é comum nas reuniões que se destinam a rever o desempenho individual e coletivo; em caso de desvios aos parâmetros de eficiência e de qualidade previamente definidos, são dadas instruções sobre as correções consideradas necessárias. Neste momento, a audição de chamadas telefónicas que sejam objeto de avaliação negativa funciona também como um mecanismo de punição (percecionado por algumas pessoas inquiridas como *humilhante*), através do qual se procura clarificar que *aquele* desempenho em particular não é tolerável, que deve ser condenado pelo coletivo – seja pela equipa em particular, seja pela empresa no seu todo.

Estamos, por conseguinte, perante o cruzamento de várias formas de controlo: aquele exercido diretamente pelos/as supervisores/as, passando pela pressão das pessoas que integram a equipa de modo a não comprometer os resultados coletivos (fenómeno que a literatura descreve de *peer pressure* – e.g. Taylor e Bain, 1999); mecanismos mais indiretos, resultantes dos inquéritos à satisfação dos/as clientes; o controlo técnico, por via do uso dos sistemas tecnológicos para registo e avaliação de todas as conversas mantidas ao telefone; e o controlo normativo, associado ao reforço do sentido de autocontrolo, de disciplina e de obediência aos procedimentos estritamente definidos (Edwards, 1979). Tolich (1993) refere-se, a este propósito, a "mecanismos de gestão intrusivos" que, articulados entre si, funcionam de modo a condicionar as emoções expostas e todo o desempenho inerente ao encontro de serviços (*service encounter*), à luz do padrão previamente traçado (normalizado e prescrito) de exibição apropriada. Neste sentido, enquanto as fases anteriores (seleção, recrutamento e formação) procuram produzir as expressões emocionais adequadas (a concretizar através do trabalho emocional aquando das interações com as pessoas clientes), os mecanismos adicionais de controlo/supervisão, avaliação de desempenho, de recompensas ou punições são ativados de modo a procurar garantir a total complacência e lealdade em relação às normas estipuladas pela gestão.

3.4. As condições de trabalho e de emprego

Como se pode verificar no Quadro 3.2, praticamente a totalidade das/os operadoras/es de *call centre* está abrangida pelo regime de trabalho temporário, detendo um contrato a termo com uma empresa de trabalho temporário (ETT). As entrevistas com os/as gestores/as confirmam a importância da relação de subcontratação/*outsourcing*[89] neste setor de atividade enquanto estratégia de flexibilização da gestão de recursos humanos. A flexibilidade de tempo de trabalho é também elevada, conjugando-se o regime de trabalho a tempo parcial (TP), que abrange 60% das pessoas inquiridas, com a organização do trabalho por turnos. Esta evidência torna este segmento um laboratório de investigação por excelência no âmbito dos estudos sobre a flexibilidade laboral (Casaca, 2006b; Kovács e Casaca, 2008; Casaca. 2012a/no prelo).

QUADRO 3. 2 – Condições de trabalho e de emprego (*call centres*)

Antiguidade	Homens e Mulheres: baixa (inferior a um ano)
Situação contratual	Regime de Trabalho Temporário (ETT) (94-96%; homens e mulheres)
Regime de tempo de trabalho	Menos de 30 horas semanais (aproximadamente 60% dos homens e das mulheres). Trabalho por turnos
Conteúdo do trabalho	Fundamentalmente trabalho rotineiro, de acordo com procedimentos pré-estabelecidos e estandardizados (embora com algumas exceções – Quadro 3.3)
Remunerações	Baixas (92% auferem entre €320-€648 líquido/mês; categoria dominante no caso dos homens e das mulheres)
Perspetivas de promoção (futuramente)	Não provável /Pouco provável (68%; homens e mulheres)
Perceção do ritmo de trabalho	Muito ou extremamente intensivo (90%; homens e mulheres)
Perceção do stresse associado ao exercício da atividade profissional	Extensiva. 80% (homens e mulheres)

Fonte: Casaca (2005) e Projeto "As Formas Flexíveis de Trabalho e Emprego: Riscos e Oportunidades" (FCT – POCTI N.º 33042/SOC/2000)

---

[89] Esta relação tanto pode ter lugar dentro do mesmo grupo empresarial como fora deste.

98 | Trabalho Emocional e Trabalho Estético: Na Economia dos Serviços

A partir da informação recolhida através dos inquéritos por questionário, constata-se que o tempo de permanência (antiguidade) nos *call centres* é baixo (inferior a um ano). Este facto está relacionado com o elevado nível de rotação de pessoal (*turnover*) – segundo confirmação obtida junto dos/as gestores/as e dos sindicalistas entrevistados (os valores rondam os 70-75%).

> *Nós, quando recrutamos as pessoas como operadores júnior, subcontratamos a contratação à parte de Recursos Humanos da Empresa, que é a nossa ETT. Portanto, estão 6 meses, sensivelmente (mais, às vezes), em regime de trabalho temporário. Têm contratos renováveis (...). É muito difícil, é muito complicado que as pessoas fiquem nos quadros da empresa. (...) em média, o tempo útil de vida de um operador é de dois anos. Estão dois anos connosco e depois decidem, ou ir embora, ou a empresa acha que está na altura de eles fazerem outra coisa. Pode ser dentro da empresa, através de outra oportunidade, mas não já dentro do call centre. Porque, ao fim desses dois anos, tanto a produtividade deles como a qualidade começa a decrescer muito. E é perfeitamente normal.*
> (Diretor, call centre)

De sublinhar que, tal como notámos noutros lugares (Casaca, 2005, 2006a; Kovács e Casaca, 2008; Casaca 2012a/no prelo), as condições de trabalho são, em muitas dimensões, semelhantes àquelas que caracterizam o modelo taylorista de organização: procedimentos normalizados e estandardizados de trabalho; tarefas rotineiras, fragmentadas e monótonas; baixa autonomia; intensidade de trabalho e de controlo. Esta evidência, associada ao ambiente de elevada sofisticação e modernização tecnológica, sugere a presença de um modelo neotaylorista (*idem*). Apesar de funcionalmente os trabalhadores e as trabalhadoras integrarem equipas que podem variar entre cinco e dez elementos, o trabalho é realizado em pequenos compartimentos e de forma estritamente individual, com a conversação por via micro/telefone a verificar-se praticamente de modo ininterrupto, a par do fervoroso e acelerado dedilhar no teclado do computador. Durante o expediente (turno de trabalho), todas as pausas são rigorosamente controladas e não há lugar para qualquer interação com os/as colegas. O ritmo de

Trabalho emocional nos serviços interpessoais de rotina: o caso dos *call centres* | 99

trabalho é, assim, percecionado como muito intensivo por praticamente a totalidade das pessoas inquiridas (90%), tal como o stresse associado ao exercício da profissão (80% referem ser muito elevado). Além da pressão para atender o maior número de chamadas no menor período de tempo (de acordo com os parâmetros de eficiência previstos), acresce o stresse associado às chamadas efetuadas por clientes irritados/as e à intensificação do esforço emocional mobilizado para a manutenção do autocontrolo e para a exibição das emoções prescritas (ainda que, como desenvolveremos mais à frente, se constate alguma diversidade no interior dos *call centres* em estudo).

Como se pode constatar no Quadro 3.2., as pessoas percecionam como fraca a possibilidade de promoção no futuro. As remunerações são baixas: a maioria aufere um rendimento que se situa no intervalo "320-648 Euros" (montante liquido mensal). Uma análise desagregada por sexo leva-nos a constatar que não há diferenças assinaláveis, embora as remunerações de 97% das inquiridas e de 86% dos inquiridos se enquadrem naquele escalão, e mais homens aufiram vencimentos superiores (por exemplo, nenhuma mulher assinalou o escalão "1003-1301 Euros"). Esta constatação está relacionada com as diferenças encontradas na organização do trabalho, como explicitaremos na secção seguinte.

3.5. A marca do género: uma organização do trabalho *"gendered"*

Como se fez referência, as tarefas são fundamentalmente rotineiras, obedecem a procedimentos normalizados e inteiramente reguladores da interação com a pessoa cliente. Uma análise mais compreensiva, porém, dá-nos conta de alguma diversidade no interior dos *call-centres* (v. Quadro 3.3). No caso do atendimento de primeira linha (*front-office*), o esforço emocional requerido é claramente superior àquele que é mobilizado pelos/as operadores/as incumbidos de prestar apoio de natureza mais técnica. Nesta área (*back-office*), são atendidas chamadas telefónicas já filtradas pelas

100 | Trabalho Emocional e Trabalho Estético: Na Economia dos Serviços

**QUADRO 3. 3 – Condições de trabalho e de emprego
em função do tipo de atendimento**

Atendimento: primeira linha (*front-office*)	Atendimento técnico (*back-office*)
Chamadas recebidas diretamente dos/as clientes; resposta imediatamente fornecida (problema de fácil resolução), de acordo com o "script"/ guião de questões e respostas-padrão; ou transferência de ligação para o atendimento técnico.	As chamadas dos/as clientes são filtradas pelas/os operadoras/es de primeira linha (não atendidas diretamente).
Baixo nível de autonomia. Controlo elevado. Ênfase no número de chamadas atendidas, na eficiência da informação prestada e na demonstração de emoções positivas.	Maior nível de autonomia. Ênfase na resolução de problemas complexos e na total satisfação do cliente.
Elevado nível de normalização e de estandardização de procedimentos de trabalho. Elevado nível de rotina operacional e na interação com clientes. Conteúdo do trabalho empobrecido; tarefas simples e rotineiras.	Menor nível de normalização e de estandardização. Ênfase na resposta a um problema técnico de maior complexidade, menos previsível (menos estandardizável). As tarefas são mais enriquecidas, mais complexas e menos rotineiras.
Formação de nível básico centrada no atendimento a clientes. As competências sociais são valorizadas em detrimento das técnicas.	Formação sobre as características dos produtos e dos serviços prestados. As competências técnicas são mais valorizadas do que as competências sociais.
Taxa de rotação elevada. Elevada incidência de contratos temporários (ETT). Remunerações mais baixas.	Taxa de rotação mais moderada. Elevada incidência de contratos temporários (ETT), combinada com alguns casos de contratação efetiva. Remunerações (relativamente) menos baixas.

Fonte: Casaca (2005) e Projeto ""As Formas Flexíveis de Trabalho e Emprego: Riscos e Oportunidades" (FCT – POCTI N.º 33042/SOC/2000)

operadoras/es que se encontram no atendimento de primeira-linha. Assim sendo, em caso de reclamação ou de exaltação da parte do/a cliente, já estas/es trabalhadoras/es mobilizaram o esforço emocional de regularização do diálogo, por via de uma atuação calma e empática, do autocontrolo e da manifestação da desejada confiança relativamente à resolução do problema. Nesta fase, quando a questão exposta pela pessoa interlocutora (cliente) não está prevista no guião de questões-repostas padrão, sucede-se a transferência para uma segunda linha, mais resguardada (embora nem sempre...) de irritações, enfurecimentos, ou mesmo insultos. A este atendimento está associada a posse de competências essencialmente técnicas. Por conseguinte, dada a complexidade e a menor previsibilidade dos problemas expostos, o nível de rotina dos procedimentos de trabalho é menor, o conteúdo das tarefas apresenta-se mais enriquecido, e as condições de trabalho e de emprego tendem a ser (relativamente) superiores. No primeiro grupo (atendimento de primeira linha) encontram-se mais mulheres do que homens, enquanto no segundo (atendimento técnico) é mais frequente a composição oposta.

Importa, portanto, notar que esta organização do trabalho bipartida no que diz respeito ao atendimento de chamadas telefónicas, às características do trabalho realizado (designadamente nos níveis de normalização, estandardização e rotina), ao conteúdo das tarefas, às condições de emprego e ao tipo de competências requeridas, é perpassada por uma marca de género. Podemos deduzir que, não obstante tratar-se de um segmento de atividade novo, comummente tido como um dos elementos distintivos da sociedade de informação (e.g. Castells, 2000 [1996]), as tradicionais ideologias de género prevalecem incrustadas nas políticas e práticas de gestão destes *call centres*, mantendo-se como vetores estruturantes da organização do trabalho. Quando se trata de funções cujo conteúdo é de maior complexidade no domínio do apoio técnico e centradas na resolução de problemas, subsiste o entendimento de que são fundamentais as "competências técnicas" detidas pelos homens. Por outro lado, sempre que as funções apelam aos atributos emocionais (capacidade de comunicação, empatia, calma, deferência, resistência a tarefas monótonas e repetitivas, cortesia...), socialmente associados às mulheres, constata-se então a persistência de um padrão de feminização (as mulheres perfazem praticamente dois-terços dos/as operadores/as de primeira linha). Estas representações simbólicas estão também incrustadas na própria identidade de género e nas expetativas profissionais, como bem ilustram os seguintes depoimentos de um gestor e de uma operadora:

> *Nós, no nosso call centre, acabamos por ter um padrão muito equilibrado, mas notamos que recebemos muito mais candidaturas de mulheres do que de homens. Talvez porque as mulheres se importem menos de, à partida, fazer este trabalho. Talvez a mentalidade portuguesa ainda seja um pouco machista e os homens pensem que é um pouco ser telefonista e que não é o tipo de trabalho indicado para eles...*
> (Diretor, *call centre*)

> *Ao nível do atendimento, posso confirmar que, apesar de existirem também homens nessas situações, as mulheres normalmente são mais calmas e conseguem lidar melhor com uma situação de reclamação. Mantêm-se mais calmas e isso é essencial para que essa chamada não se torne, vamos lá, torta, porque, só o facto de uma pessoa estar a atender outra pessoa e essa pessoa do outro lado aos berros, eu diria que já atendi clientes aos berros, entram em linha, vamos lá, a matar... Chamam-nos nomes, coisas incríveis! Isso acontece. Se uma pessoa não mantiver a calma e continuar calmamente e se começarmos também a gritar, já é o suficiente para que esse mesmo contacto se vá prolongar durante muito mais tempo e, depois, está tudo ali aos gritos. E as senhoras, nesse, aspeto, conseguem manter mais a calma.*
> (Operadora de *call centre*)

Somos, porém, levadas a equacionar que as desigualdades de género só não mais acentuadas neste segmento de atividade porque são fracas (pobres) as condições laborais em geral, sendo praticamente inexistentes as perspetivas de progressão e de promoção no interior de um *call centre*. Apesar de o Quadro 3.3. fazer referência a *competências sociais*, cabe-nos sublinhar a ausência de reconhecimento organizacional em relação às mesmas. Em suma, também no caso deste estudo em particular, colhem sentido as palavras de Jane Jenson (1998): o senso comum continua a ditar

Trabalho emocional nos serviços interpessoais de rotina: o caso dos *call centres* | 103

que as mulheres têm *qualidades*, enquanto os homens são portadores de *qualificações* (veja-se também e.g. Philips e Taylor, 1980; Acker, 1990; Belt *et al.*, 2000; Ferreira, 2003; Casaca, 2005, 2006a, Casaca e Chagas Lopes, 2009; Payne, 2009).

3.6. A perceção subjetiva sobre as condições de trabalho e de emprego

Na sequência da problemática teórica explorada previamente (v. capítulo 1) torna-se pertinente a hipótese de que o esforço emocional é ainda mais elevado quando os trabalhadores e as trabalhadoras perpecionam as suas condições de trabalho e de emprego como pobres, precárias, exprimindo baixos níveis de satisfação em relação às mesmas. Efetivamente, os dados recolhidos apontam para uma satisfação média relativamente baixa – 2,8 valores, numa escala de 1 a 5[90]. De notar que colhem ainda pontuações inferiores as seguintes dimensões: "segurança quanto ao futuro profissional" (*item* que colhe o nível de satisfação mais baixo), "oportunidades de promoção", "autonomia", "contrato de trabalho" "reconhecimento do trabalho realizado" e "nível remuneratório" (v. Figura 3.2). As entrevistas permitiram também confirmar que a fraca satisfação com as condições laborais em geral decorre da discrepância entre o nível de escolarização formal, por um lado, e o conteúdo empobrecido e rotineiro das tarefas, o reduzido nível de autonomia (em geral), a elevada precariedade da relação contratual, as baixas remunerações e a ausência de perspetiva de crescimento profissional, por outro.

Apesar de os valores atribuídos pelos homens e pelas mulheres inquiridas não serem muito discrepantes, há a realçar que as operadoras exprimem uma satisfação ainda menor relativamente à *autonomia* detida no exercício das funções profissionais (2,3 valo-

---

[90] Escala de 1 a 5, oscilando entre nada (1), pouco (2), mais ou menos (3), bastante (4) e totalmente (5) satisfeito/a. Aquele valor (2,8) reporta-se à média geral e tem por base os valores das várias dimensões expostas na Figura 3.2.

res). É, pois, de equacionar que esta evidência pode estar relacionada com as especificidades das diferentes funções de atendimento, como previamente observado (v. Quadro 3.3). Por outro lado, há uma ligeira maior insatisfação dos homens com o contrato de trabalho e com as perspetivas inerentes ao futuro profissional, o que nos pode remeter para as expetativas superiores detidas pelos mesmos quanto ao seu enquadramento laboral (cf., Casaca, 2005).

FIGURA 3. 2 – Satisfação com as condições de trabalho
e de emprego, por sexo (média)

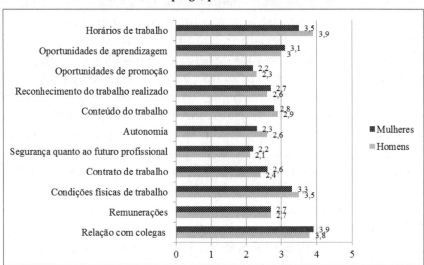

Fonte: Casaca (2005); Projeto ""As Formas Flexíveis de Trabalho e Emprego: Riscos e Oportunidades" (FCT – POCTI N.º 33042/SOC/2000)
Nota: Os níveis de satisfação reportam-se a uma escala de 1 a 5 (1-nada satisfeito/a; 2-pouco satisfeito/a; 3-mais ou menos satisfeito/a; 4 –bastante satisfeito; 5-totalmente satisfeito/a).

Como se pode observar na Figura 3.2., as dimensões que colhem níveis de satisfação superiores (acima da média geral) são fundamentalmente as "relações com colegas de trabalho" (um pouco mais no caso das mulheres inquiridas) e os "horários de trabalho" (no caso dos homens). Este facto pode estar relacionado com a nossa observação (prévia) acerca da situação familiar das pessoas inquiridas: apesar da juventude da amostra, há mais ope-

Trabalho emocional nos serviços interpessoais de rotina: o caso dos *call centres* | 105

radoras de *call centre* a afirmar que já não coabitam com a família de origem, encontrando-se numa fase de maior autonomização pessoal. Deste modo, a irregularidade associada à modalidade de horários por turnos pode dificultar a respetiva articulação com a vida familiar. Regista-se também uma satisfação relativamente superior com as condições físicas de trabalho (ligeiramente mais no caso dos operadores). Cabe-nos referir que os dois *call centres* funcionam em espaços com ventilação adequada e boa iluminação (combinação de luz natural e artificial), em condições físicas regulares – e não em caves sombrias e pouco arejadas (ambientes descritos por algumas pessoas inquiridas, que já tinham trabalhado em condições físicas mais adversas).

3.7. A procura de uma zona de conforto

Detemo-nos nesta secção na "relação com colegas de trabalho", na medida em que, como vimos (Figura 3.2), é a dimensão que mais satisfação colhe junto da população inquirida, aproximando-se do nível "bastante satisfeito/a" (4 valores).[91] Esta observação é muito pertinente se considerarmos que a maioria faz referência ao isolamento social inerente à organização do trabalho. Como explicitámos anteriormente, apesar de a área de atendimento ser em forma de *open space* e de estarem (formalmente) constituídas equipas, o trabalho é fortemente individualizado, com os trabalhadores e as trabalhadoras dispostas por pequenos compartimentos isolados, pressionados/as para atingir os níveis de produtividade pré-estabelecidos. As interações mantidas com os/as clientes são muito frequentes, de curta duração, e mediadas pela panóplia de dispositivos tecnológicos; a este facto aliam-se os constrangimentos organizacionais e físicos que limitam (ou impossibilitam) a sociabilidade com colegas durante o período de trabalho. Procurámos

---

[91] Tal como explicitámos anteriormente, trata-se de um escala de 1 a 5 valores, oscilando entre nada (1), pouco (2), mais ou menos (3), bastante (4) e totalmente (5) satisfeito/a.

106 | Trabalho Emocional e Trabalho Estético: Na Economia dos Serviços

aprofundar, através da condução das entrevistas, este aparente paradoxo: a satisfação com a relação mantida com colegas, por um lado, e a escassez (ou ausência) de oportunidades de sociabilidade, por outro. Os depoimentos registados confirmam a importância atribuída pelos operadores e pelas operadoras de *call centre* ao estabelecimento de relações sociais com os parceiros e parceiras de profissão; no entanto, são fundamentalmente valorizados os momentos de convívio que ocorrem fora do local de trabalho – como evidencia um dos testemunhos selecionados:

> *Temos um ambiente informal. Normalmente, nas equipas e na nossa inclusive fazemos jantares. Marcamos um jantar, todas as pessoas vão, acabamos por sair à noite, é uma forma de conviver de uma outra forma, sem ser no trabalho, porque no trabalho nós estamos mais virados, portanto, para responder às questões aos clientes...*

(Operadora de *call centre*)

Outros depoimentos similares sugerem-nos a valorização de uma rede social informal, perpassada por relações espontâneas e genuínas. Trata-se, no fundo, de uma *zona de conforto*, que parece atenuar os efeitos mais desgastantes associados ao exercício da profissão, designadamente o elevado grau de regulação e de estandardização que recai sobre todas as interações sociais mantidas durante o expediente de trabalho (Casaca, 2012a/no prelo). Procura-se, de igual modo, que o estabelecimento de interações e de momentos prazerosos funcione como um mecanismo de compensação, num contexto marcado pela fraca satisfação com as condições de trabalho e de emprego. Trata-se de uma realidade próxima daquela descrita por Korczynski (2003) a propósito da formação das comunidades informais de apoio (*informal communities of coping*), revelando a possibilidade de coexistência de diferentes esferas emocionais (*emotional zones* – Bold, 2005: 64) associadas ao contexto laboral.

O predomínio de tarefas rotineiras, a elevada estandardização e normalização dos procedimentos de trabalho, a baixa autonomia, a elevada precariedade do vínculo contratual, a intensa regulação das emoções e a tensão decorrente de atendimentos a clientes difíceis e agressivos são dimensões centrais na observação e análise do trabalho emocional (v. capítulo 1). O nosso estudo sublinha, ainda, a importância de serem ponderadas duas variáveis adicionais: a perceção subjetiva de baixa reciprocidade organizacional e a ambiguidade inerente à relação triangular de trabalho – a que envolve a pessoa trabalhadora, a ETT e a empresa prestadora de serviço. Com efeito, os operadores e as operadoras de *call centre* na nossa amostra mobilizam um esforço emocional considerável por força da dissonância entre, por um lado, as emoções positivas prescritas (o sorriso institucional em cada interação com as pessoas clientes) e as suas emoções mais genuínas e profundas, não positivas, em relação às contrapartidas obtidas (condições laborais subjetivamente avaliadas como precárias, associadas a baixos níveis de satisfação). Este desfasamento ocorre, por exemplo, quando é requerido que o *sorriso* seja constantemente mobilizado em nome da satisfação do/a cliente e da imagem da empresa prestadora do serviço, ao mesmo tempo que é clara a perceção de que as recompensas monetárias são baixas, que as oportunidades de crescimento profissional são praticamente nulas, e que é muito frágil o vínculo laboral. Acresce que a relação de emprego, além de precária, está formalizada com uma outra empresa – a ETT, e não com a instituição que beneficia do trabalho desenvolvido, relativamente à qual cumpre projetar a melhor imagem possível e se impõe que a *voz sorria*. Esta dimensão eleva, a nosso ver, o esforço emocional deste grupo profissional.

É de sublinhar que praticamente dois terços dos trabalhadores e das trabalhadoras desejam encontrar um outro emprego. Este facto remete-nos, ainda, para a constatação que as pessoas inquiridas estão longe de serem vítimas passivas e alienadas, como seria entendimento das teses mais deterministas. É certo que a maioria avalia negativamente as atuais condições de trabalho e de emprego; no entanto, é clara a ambição de alterar o curso da circunstância presente e de mobilizar os esforços necessários para encontrar um emprego (e uma profissão) mais compatível com a formação obtida e com as aspirações profissionais e pessoais.

Conclusão e reflexões finais

Após a apresentação das referências teóricas em torno do tema *trabalho emocional e estético nos serviços interpessoais*, bem como o desenvolvimento da respetiva problematização (v. capítulo 1), procedeu-se à exposição dos resultados das nossas investigações mais recentes sobre a temática. Na linha de Hochschild (1983), entendemos por *trabalho emocional* o esforço (*effort*) despendido pelos/as trabalhadores/as na supressão ou manipulação das suas emoções genuínas (privadas) de modo a exibir um estado emocional que seja consentâneo com as normas prescritas pelas empresas ou organizações. Embora esta socióloga tenha integrado a expressão corporal neste processo de transformação (ou mesmo de *transmutação*, como também refere), o conceito de *trabalho estético* foi recentemente objeto de autonomização do ponto de vista conceptual. Compreende, assim, a mobilização, o desenvolvimento (modelação estética) e a mercadorização (*commodification*) das disposições corpóreas das/os trabalhadoras/es por parte das entidades empregadoras (Warhurst *et al.*, 2000).

Destacámos, a este propósito, que as estratégias de competitividade de várias empresas apostam cada vez mais na satisfação dos/as clientes por via da prestação de um "serviço de excelência" (*customer services*), colocando a tónica na *qualidade* das interações, na dimensão mais *performativa* do trabalhador e da trabalhadora, onde a *adequada* exibição de emoções, o estilo, a postura, os gestos, o tom de voz e a aparência física são tidos como requisitos fundamentais a integrar no processo de trabalho. Por conseguinte, às pessoas que prestam serviços interpessoais é exigida a expres-

110 | Trabalho Emocional e Trabalho Estético: Na Economia dos Serviços

são de emoções positivas e uma aparência compatível com a imagem de agradabilidade e de satisfação que a empresa prestadora do serviço pretende projetar junto de clientes ou de público em geral. À semelhança de todos os artefactos que integram a estética organizacional (Witz, Warhurst e Nickson, 2003), pode constatar-se que as emoções e a aparência física das trabalhadoras e dos trabalhadores funcionam como parte integrante, material, da imagem corporativa (*corporate image*) que as empresas pretendem projetar junto de clientes e do público em geral (Wolkowitz, 2002, 2006; veja-se também e.g. Pettinger, 2004, 2005). Neste sentido, a amabilidade, a cortesia, a simpatia, a agradabilidade, uma expressão corporal e uma aparência física *agradável* – ou mesmo erotizada e sexualmente atraente (v. capítulo 2) – afiguram-se, aos olhos da gestão, como recursos a mobilizar e a desenvolver em nome da competitividade e do sucesso empresarial.

Neste âmbito, considerando a expressão do "sorriso institucional" (Baudrillard, 1995), as empresas procuram selecionar a força de trabalho que apresente determinadas "qualidades humanas" e "disposições corpóreas" (*embody dispositions*). Por conseguinte, à fase de seleção e recrutamento associa-se a regulação das emoções, a modelação da estética e a disciplina sistemática, seja por via da definição de procedimentos normalizados e prescritos, seja ainda através da formação sociocomportamental e da indução de normas inerentes ao serviço de atendimento, seja através da ativação de mecanismos de supervisão, controlo e avaliação do desempenho – como ilustramos nos capítulos 2 e 3 (veja-se também e.g. Tyler e Abbott, 1998; Callaghan e Thompson, 2002).

O capítulo 2 refletiu sobre esta realidade, incidindo sobre os segmentos onde ambas as dimensões do trabalho (a emocional e a estética) assumem um peso importante. Procurou-se analisar as experiências laborais de pessoas que trabalham no domínio dos cuidados de estética e beleza, da promoção do bem-estar físico (atividades de *fitness*), e do apoio à imagem individual (serviço de consultoria). A análise ali desenvolvida refletiu também sobre a situação de tripulantes de cabine/assistentes de bordo (um grupo profissional paradigmático, na sequência do estudo seminal desenvolvido por Hochschild, 1983), de trabalhadoras/es do ramo de hotelaria e restauração, e de assistentes de eventos em sentido lato. Nesta fase, o propósito não foi explorar a situação de nenhum segmento profissional em particular (como pretendemos concretizar doravante), mas dar conta da relevância do trabalho emocional e estético nas áreas selecionadas.

O grupo diverso de profissionais dos *serviços interpessoais* ali analisado partilha algumas especificidades e distancia-se do segmento profissional dos *serviços interpessoais de rotina* observado no capítulo 3 (operadores/as de *call centre*). Em primeiro lugar, em todos os casos incluídos na amostra é requerido um tipo de interação presencial (face a face) com o público, enquanto, no caso dos *call centres*, é dominante a interação vocal. Em segundo, a duração do contacto tende a ser relativamente distendida, ao invés do que sucede nos serviços interpessoais de rotina, onde as interações são frequentes e (idealmente) de curta duração. Em terceiro, e comparativamente, o grau de regulação das emoções tende também a ser menos prescritivo e estandardizado. E, por último, os domínios de atividade em questão e o registo presencial dos "encontros de serviços" (*service encounters)* elevam a relevância da dimensão estética do trabalho (*aesthetic labour)*. Recorde-se que se trata de segmentos de serviços nos quais a *imagem* da trabalhadora e do trabalhador faz frequentemente parte integrante da *imagem* da empresa. Já no outro caso, a tónica empresarial recai sobre a exibição de emoções positivas durante a interação telefónica com a pessoa interlocutora (cliente).

Não obstante estas dissemelhanças que nos levaram a marcar a distinção entre *serviços interpessoais* (integrados no capítulo 2) e *serviços interpessoais de rotina* (observados no capítulo 3, a partir da realidade dos *call centres),* a verdade é que todos os grupos profissionais em análise partilham alguns traços comuns. O vetor de semelhança mais evidente decorre do facto de o exercício da profissão requerer um contacto direto (embora concretizado de formas diferentes) com clientes (situação que leva alguma litera-

112 | Trabalho Emocional e Trabalho Estético: Na Economia dos Serviços

tura anglo-saxónica a optar pela designação de *front-line service workers).* Acresce que, apesar de termos evitado a qualificação de *novas profissões* (expressão que estaria imbuída de algum determinismo), há dimensões que sugerem algum grau de *novidade.* Desde logo, enquadram-se num processo de reconfiguração da estrutura económica e socioprofissional, que decorre da diversificação inerente ao crescimento do setor terciário. Depois – e no caso das profissões incluídas no capítulo 2 – é evidente a respetiva associação às mudanças no domínio do consumo, dos estilos de vida e das preferências individuais (crescente valorização da aparência, do bem-estar, da imagem e da estética) (veja-se Fortuna, 2002). Destacámos, nessa secção, a existência de algumas profissões que têm vindo a emergir, embora formalmente ainda não reconhecidas enquanto tal e com terminologias que escapam ao glossário português. No caso dos *call centres,* é de considerar a influência das tecnologias de informação e de comunicação, e de sistemas tecnológicos relativamente sofisticados, na organização do trabalho e nas interações sociais estabelecidas. Acresce que todas as profissões analisadas são regidas por princípios (mais ou menos formalizados) de orientação para a máxima satisfação da pessoa cliente. Ainda, e como relevámos, estão associadas a mudanças no perfil da força de trabalho, em resultado da crescente ênfase nos atributos emocionais e relacionais das pessoas trabalhadoras. Por fim, os segmentos profissionais que foram objeto de análise de ambos os capítulos têm em comum a elevada flexibilidade laboral: seja do ponto de vista contratual, seja no que diz respeito ao tempo de trabalho, ou – como se referiu – no ajustamento das emoções ou mesmo da estética aos requisitos organizacionais/empresariais.

Importa notar que o *género* está inscrito quer nos requisitos inerentes às fases de recrutamento e seleção, quer no desempenho laboral dos homens e das mulheres que prestam atividade nos serviços analisados, ou no trabalho emocional e estético que lhes é exigido. A partir do nosso estudo, podemos reiterar o argumento segundo o qual a construção e a gestão do trabalho emocional e estético assentam, alimentam e reproduzem as estereotipias de género e a divisão sexual do trabalho. No que diz respeito aos segmentos observados no capítulo 2, estamos, na maioria dos casos, perante profissões largamente tipificadas como femininas; na realidade, algumas são mesmo nomeadas no feminino, sobretudo nos domínios da beleza e da estética – assim sucede, por exemplo, com *as* manicur*as* e pedicur*as*. O mesmo fenómeno é identificado na forma como as empresas de eventos publicitam o serviço prestado por *hospedeiras*, enquanto, noutros casos, é oferecido o de *valet parking*, cujo prestador é sempre do sexo masculino. Concluímos, assim, que as profissões e as funções exercidas têm incrustadas as representações simbólicas em torno do género. O mesmo sucede com o nível de complexidade das tarefas, o grau de autonomia e de responsabilidade, o esforço emocional ou físico exigido, o nível de qualificação atribuído, as competências técnicas ou sociais requeridas. Esta assimetria simbólica reflete-se nas diferenças registadas em termos de condições de trabalho e de emprego.

Esta questão foi detalhadamente explorada no capítulo 3 a propósito das diferenças registadas entre duas áreas funcionais dos *call centres*. Evidenciámos, então, a dimensão bipartida, *gendered*, da organização de trabalho: as operadoras encontram-se fundamentalmente no atendimento de primeira linha (*front-office)*, onde são requeridos atributos emocionais (capacidade de comunicação, empatia, calma, deferência, resistência a tarefas monótonas e repetitivas, cortesia...), socialmente associados às mulheres; já a presença de operadores é mais notada no atendimento técnico (*back-office*), centrado fundamentalmente nas "competências técnicas" (socialmente associadas aos homens) e na procura de solução para problemas de maior complexidade. Deste modo, apesar de comummente designado de *novo segmento de atividade*, sendo visto como um dos marcos distintivos da sociedade de informação (Castells, 2000 [1996]), a verdade é que as tradicionais ideologias de género prevalecem incrustadas nas políticas e práticas de gestão destes *call centres*, mantendo-se como vetores estruturantes de segregação sexual.

114 | Trabalho Emocional e Trabalho Estético: Na Economia dos Serviços

Deduzimos assim que, nos segmentos em análise, a racionalidade e a instrumentalidade, assim como as qualificações técnicas (dimensões *hard*), prevalecem simbolicamente conotadas com a masculinidade, por oposição às características sociais, relacionais e interpessoais que persistem associadas à feminilidade (veja-se também e.g. Amâncio, 2002). Estas dimensões *soft* ("qualidades humanas"), embora particularmente requeridas no contexto dos serviços interpessoais, não são reconhecidas enquanto competências e, por sua vez, carecem de valorização organizacional e social em geral (veja-se também e.g. Philips e Taylor, 1980; Acker, 1990; Crompton, 2001 [1998]; Jenson, 1998; Ferreira, 1999a, 2003; Bolton, 2005; Junor *et al.*, 2008; Payne, 2009). Para Bolton (2005), a intangibilidade e a perecibilidade – características que, além da variedade, são atribuídas por Korczynski (2009) aos serviços interpessoais – estão associadas à invisibilidade do valor incorporado no trabalho prestado e, por sua vez, explicam o não reconhecimento das competências inerentes. No entanto, a nosso ver, a raiz da questão está na hierarquização social que prevalece incrustada na assimetria simbólica acima descrita: as *qualidades humanas* (sociais e relacionais) são tipificadas (e reiteradamente recriadas)[92] como características naturais das mulheres. A sua ausência de reconhecimento enquanto competências laborais decorre deste processo de *naturalização* e do baixo valor organizacional e social que lhe está subjacente. Os resultados que procurámos destacar encontram, assim, eco nas palavras de Jane Jenson (1998): no fundo, o senso comum continua a ditar que as mulheres têm qualidades, enquanto os homens são portadores de qualificações (e.g. Philips e Taylor, 1980; Cockburn, 1986; Acker, 1990; Leidner, 1991, 1993; Ferreira, 1993, 2003, 2010; Belt *et al.*, 2002; Bolton, 2005; Korczynski,2005; Casaca, 2006a; Junor

---

[92] Como nos é recordado por Cynthia Cockburn (1986), o poder masculino perpetua-se através da cultura e, portanto, mediante as relações de género que se desenvolvem em contexto laboral. É através das relações de trabalho que a ideologia da feminilidade é reconstruída, com base no reforço da ausência de capacidade técnica das mulheres.

et al., 2008; Casaca e Chagas Lopes, 2009, Macdonald e Merrill, 2009; Payne, 2009; Wharton, 2009).

Ainda relativamente às estratégias de gestão nos serviços interpessoais, a dimensão corpórea e estética pode ser observada em todas as profissões reunidas no capítulo 2, estando presente tanto na fase de seleção e de recrutamento como na prescrição de certas normas que são conformes com os códigos de estética organizacionais. A valorização do trabalho estético obedece a uma norma de beleza dominante, procurando ir ao encontro das preferências, expetativas, desejos e fantasias dos/as clientes e do público em geral. Tal como sublinhado por outros estudos (e.g. Dean, 2005; Nixon, 2009 – v. capítulo 1), é possível constatar que, embora a dimensão estética seja cada vez mais requerida à força de trabalho do sexo masculino, a verdade é que os códigos estéticos variam em função das representações simbólicas em torno da masculinidade e da feminilidade, relevando a dimensão *gendered* (também) desta vertente do trabalho.[93] Acresce que, tal como sublinhámos, no caso das mulheres trabalhadoras dos serviços interpessoais, é frequentemente explorado o normativo heterossexual feminino. Embora, como ali se fez referência, os códigos estéticos de feminilidade estejam presentes em muitas das profissões analisadas[94], a verdade é que o grupo das hospedeiras de eventos se revela particularmente regido e regulado pelos mesmos. Além de se tratar de uma profissão tipificada e descrita como feminina, a prestação *performativa* do trabalho obedece, recria e reforça o normativo heterossexual de feminilidade. Este fenómeno, que Adkins e Lury (1999) descreveriam de *feminine corporeality*, remete-nos para a importância da dimensão socialmente construída dos corpos (veja-se a problemática teórica desenvolvida no capítulo 1).

---

[93] A maior integração dos homens nos serviços interpessoais abre, porém, interessantes pistas de análise e de problematização que futuramente também importaria considerar.

[94] Recorde-se que a situação das hospedeiras de bordo tem sido a mais estudada (v. capítulo 2).

116 | Trabalho Emocional e Trabalho Estético: Na Economia dos Serviços

A dimensão mais erotizada do trabalho estético foi também identificada neste grupo profissional, em particular no que diz respeito às assistentes de imagem – fenómeno que associámos a uma estratégia de gestão que explicitamente prescreve a sexualização dos corpos e a mobilização do *sex appeal* destas trabalhadoras (veja-se Warhurst e Nickson, 2009). Noutras situações, o trabalho estético assume uma dimensão performativa que destaca o entretenimento (como no caso das hospedeiras-mascotes – v. capítulo 2). A ênfase na soberania do cliente, a regulação e a disciplina do trabalho emocional e do trabalho estético parecem assim sustentar – tal como é sugerido por Hochschild (1983) – uma nova lógica de subordinação da força de trabalho. No entanto, sublinhámos ao longo dos textos aqui reunidos, a existência de uma margem relativa de autonomia, através da qual a agência é exercida. Deste modo, no capítulo 2 em particular, são evidenciadas as várias estratégias de autoafirmação e de assertividade que são mobilizadas pelas trabalhadoras e pelos trabalhadores com o propósito de preservar a própria dignidade no quadro da prestação de serviços interpessoais (veja-se também e.g. Rafaeli, 1989; Taylor e Bain, 1999; Bain e Taylor, 2000; Taylor e Tyler, 2000; Forseth, 2005; Bolton, 2006; Forseth, 2005; Sloan, 2008; Korczynski, 2003, 2009; Haman e Putnam, 2008; Warhurst, Thompson e Nickson, 2009; Wharton, 2009).

Depois das representações sociais em torno do género, que levam as empresas a contratar sobretudo mulheres para as funções onde é mais exigido trabalho emocional e trabalho estético, o respetivo desempenho laboral *constrói* a feminilidade e, simultaneamente, *naturaliza-a*.[95] As "qualidades humanas" são, assim, sobretudo expostas pelas trabalhadoras-mulheres no quadro de uma relação de serviços (amabilidade, simpatia, dedicação, deferência, paciência, docilidade ...) e os seus corpos – mesmo quando

---

[95] Fenómeno também identificado por Adkins (1995) acerca das trabalhadoras do setor do turismo (cf., Adkins e Lury, 1999) e por McDowell (1997, *apud* Adkins e Lury, 1999)) a propósito da força de trabalho no setor bancário.

particularmente modelados em função dos códigos estéticos de feminilidade – permanecem socialmente vistos como *naturalmente* femininos. Como diria Debra Gimlin (1996: 511-512), ainda que se trate de um processo de desempenho da feminilidade (*a method enacting femininity*), a leitura associada é a da essência da feminilidade (*the essence of femininity*) (e.g. Filby, 1992; Gimlin, 1996; Tyler e Abbott, 1998; Tyler e Taylor, 1998; Adkins e Lury, 1999; Taylor e Tyler, 2000; Black e Sharma, 2001; Pettinger, 2005; Macdonald e Merrill, 2009).

Faz-nos, assim, sentido aprofundar os contributos das perspetivas pós-estruturalistas e construtivistas que colocam a tónica neste ponto: *o género faz-se* nos mais variados contextos da vida em sociedade (West e Zimmerman, 1987; West e Fenstermaker, 1995). Trata de uma orientação que muito pretendemos seguir em trabalhos de investigação futuros: a tentativa de apreender, no plano micro, o(s) modo(s) como as identidades e as relações de género são construídas e (re)negociadas através das várias ações que compõem o quotidiano sociolaboral. Este percurso, que compreenderá a exploração do conceito de *arena emocional* (Fineman, 2003), terá de persistir no desafio de integrar uma perspetiva feminista. Subjacente a este nosso intuito de proceder a uma análise pormenorizada sobre os processos de construção das identidades de género, associados às experiências de trabalho emocional e de trabalho estético, está o pressuposto de que não perderemos de vista as condições que estruturam as desigualdades de género (seguindo de perto os contributos teóricos e empíricos do *construtivismo moderado*, como sublinharia Virgínia Ferreira, 2003; veja-se também o capítulo 1).

Os testemunhos apresentados ao longo daquele capítulo dão ainda conta da exclusão de pessoas cujas características pessoais foram avaliadas como *desviantes* relativamente aos códigos vigentes. Os requisitos e as normas reguladoras e disciplinadoras dos corpos podem, assim, apresentar-se como vetores de discriminação laboral e de desigualdade social, com base nas representações

118 | Trabalho Emocional e Trabalho Estético: Na Economia dos Serviços

sociais associadas à idade (prevalecendo o ideal de corpo jovem) ou às disposições estéticas em geral – pronúncia, expressão verbal e corporal, cor da pele, modos de vestir, calçar, adornar, pentear, a altura, o peso... –, entrecruzando-se portanto com outros vetores como, por exemplo, a pertença étnica e a classe social. Assim sendo, há a considerar a pertinência de, em investigações futuras, aprofundar os contributos da teoria da intersecionalidade (Crenshaw, 1989, *apud* Macdonald e Merrill, 2009: 116; veja-se e.g. Gilmin, 1996; Crompton, 2001 [1998], Wolkowitz, 2002, 2006; Kang, 2003; Witz, Warhurst e Nickson, 2003; Macdonald e Merrill, 2009; Nogueira, 2009).

A abordagem compreensiva subjacente à elaboração do capítulo 2 permite-nos apoiar as teses que sustentam a ambivalência associada às dimensões emocionais e estéticas do trabalho, dado que *prazer* e *dor*[96] coexistem nas experiências laborais ali analisadas. Esta evidência apoia as conclusões de Korczynski (2009) acerca da avaliação da relação com os/as consumidores/as, que tendem a ser vistos quer amigos/as quer como inimigos/as. Do mesmo modo, as relações interpessoais nos serviços tanto podem gerar emoções negativas (tensão e desconforto) como positivas (satisfação e realização individual). Ao contrário do que é assinalado pelas perspetivas mais deterministas (v. capítulo 1), o trabalho emocional está longe de ser um fenómeno homogéneo e monolítico (cf. Bolton, 2005: 155). Constata-se também que a própria regulação emocional é percecionada pelos trabalhadores e pelas trabalhadoras com alguma ambivalência, como previamente problematizado por Leidner (1993) e Asforth e Humphrey (1993). Em certas situações, parece claro o sentido de que a intensidade da normalização é excessiva e até intrusiva; todavia, noutros momentos, são os procedimentos estandardizados, predefinidos, que parecem conferir algum apoio emocional.

---

[96] Mantivemos expressões utilizadas por Korczynski (2009) – "pleasure and pain" (consulte-se o capítulo 1).

Conclusão e reflexões finais | 119

Pode também depreender-se que o reconhecimento demonstrado pelos/as clientes relativamente ao serviço prestado é uma das recompensas mais apreciadas pelas pessoas entrevistadas (sobretudo dos *serviços interpessoais* analisados no capítulo 2). Do mesmo modo, é-nos apresentada como gratificante a perceção de que o serviço prestado produziu estados emocionais positivos junto dos/as respetivos/as clientes. Esta evidência vem contrariar a visão estritamente instrumental do trabalho emocional, tal como apresentada por Hochschild (1983). Com efeito, é possível sustentar que, em muitas situações, o beneficiário ou a beneficiária do serviço é visto/a como *pessoa* e não meramente como *cliente* (argumento também sustentado por Bolton, 2005, 2006, Korczynski, 2009). Por fim, na linha de Sharon Bolton (2005), relevámos também aqueles depoimentos que sugerem o trabalho emocional como uma dádiva concedida a outrem; nestes casos, as emoções expressas tendem a ser mais genuínas, remetendo para uma versão *filantrópica* do trabalho emocional. Registámos ainda que, pese embora o reconhecimento de que o exercício da profissão pressupõe a representação de um papel, as pessoas entrevistadas exprimiram-se também a favor da espontaneidade e da genuinidade inerentes às interações mantidas com o público (v. capítulo 2). Este sentido de *humanidade* está igualmente presente na referência à amizade estabelecida com alguns ou algumas clientes – dimensão que é tida como um dos traços mais gratificantes da atividade profissional.

É interessante notar que, por mais regulado que seja o contexto laboral, podem coexistir diferentes zonas emocionais (como também assinalado por Sharon Bold, 2005). Apesar dos elevados níveis de estandardização, rotinização e regulação presentes nos *call centres* – realidade que remete para a existência de uma *zona emocional altamente regulada, disciplinada e controlada* –, o capítulo 3 realça a valorização individual atribuída às relações informais estabelecidas com colegas de profissão. Estas, por sua vez, tendem a ser mantidas e desenvolvidas fora do local de trabalho, deixando antever a existência de *zona emocional de conforto*, através da qual os/as intervenientes procuram recriar *relações e momentos de espontaneidade e genuinidade.*[97] Procura-se, assim, por esta via, que o estabelecimento de interações em circunstâncias prazerosas funcione como um mecanismo de compensação, num contexto de fundo marcado pela precariedade das condições de trabalho e de emprego e pela fraca satisfação com as mesmas.

Retomando as observações reunidas no capítulo 2, salientámos que as emoções mais negativas estão fundamentalmente associadas à perceção de ausência de tolerância da parte da pessoa interlocutora ou de não valorização do serviço prestado. Em algumas situações, é referido o sentimento de humilhação decorrente de agressões verbais infligidas por clientes. Contudo, há fatores que atenuam os efeitos psicossociais negativos do esforço emocional associado a estas experiências, como é o caso do tipo de interação e do estatuto socioprofissional (veja-se também e.g. Morris e Feldman, 1996; Abiala, 1999). Nas profissões associadas a um estatuto socioprofissional mais elevado, a vulnerabilidade na relação interpessoal tende a ser menor (assim sucedeu com os/as profissionais que prestam serviço como consultores/as de imagem, por exemplo); simultaneamente, o trabalho emocional tende a ser menor. Pode também considerar-se o tipo de interação; ao contrário do que sucede com os *serviços interpessoais de rotina* (v. capítulo 3), a maior variedade dos contactos interpessoais parece também ser amortecedora do esforço emocional. Assim, no que diz respeito aos *call centres,* salientámos que a forma de interação vocal (mediada pelas novas tecnologias de informação) não atenua o esforço emocional (*emotional effort*) mobilizado pelos trabalhadores e trabalhadoras em questão (contrariando assim a tese defendida por Morris e Feldman, 1996; v. capítulo 1).

A constatação anterior acerca dos operadores/as de *call centre* prende-se com vários fatores que apontam para uma vivência

---

[97] Parece tratar-se de um fenómeno semelhante àquele descrito por Korczynski (2003), a propósito da formação das comunidades informais de apoio (*informal communities of coping*).

Conclusão e reflexões finais | 121

pouco gratificante do trabalho emocional. Desde logo, verifica-se (apesar dos cambiantes registados ao longo do capítulo 3) a presença de uma organização de trabalho do tipo neotaylorista. As interações telefónicas são muito frequentes, de curta duração, normalizadas e intensamente controladas pela gestão; o nível de autonomia é baixo; os vínculos contratuais são precários e a relação triangular de trabalho é geradora de ambiguidade[98]; as remunerações são baixas, assim como são escassas (ou mesmo nulas) as oportunidades de desenvolvimento profissional. A estes fatores acrescem os vários momentos de tensão que decorrem do atendimento a clientes difíceis (ou mesmo agressivos), absorventes de um elevado esforço emocional. Observámos ainda que estas experiências laborais estão imbuídas de uma forte contradição: por um lado, as/os trabalhadoras/es tendem a avaliar as suas condições laborais como precárias e são baixos os seus níveis de satisfação; mas, por outro, estão sujeitas/os a uma forte pressão empresarial para que a *voz sorria*. Como já aqui notado, esta imposição para que a interação se paute pela amabilidade, a prestabilidade e a simpatia está particularmente presente no caso do grupo profissional incumbido do atendimento de primeira linha – um segmento sobretudo feminino e sujeito às condições de trabalho e de emprego mais desfavoráveis. Este paradoxo eleva a relevância do trabalho emocional nesta categoria em particular, aproximando-a das características reunidas por Macdonald e Sirianni (1996) a propósito do conceito de *proletariado emocional*. Todavia, a maioria dos/as operadores/as entrevistados/as deseja encontrar um outro emprego, indiciando que, longe de um registo de passividade e alienação – como seria entendimento das teses mais deterministas –, é-nos revelada a ambição de encontrar um emprego mais compatível com as aspirações profissionais e pessoais.

---

[98] Recorde-se que os contratos de trabalho são celebrados com uma ETT e não com a empresa que beneficia diretamente do trabalho e relativamente à qual cumpre projetar a melhor imagem possível.

122 | Trabalho Emocional e Trabalho Estético: Na Economia dos Serviços

Deduz-se, a partir dos diversos segmentos analisados em ambas as secções, que as experiências laborais associadas ao trabalho emocional e ao trabalho estético são multifacetadas e complexas, perpassadas por ambivalências, particularidades, contradições e padrões de diversidade que importa explorar mais amiúde. Depois deste trabalho exploratório sobre vários serviços interpessoais, as fases de investigação seguintes devem recair sobre uma análise mais aprofundada de cada grupo profissional (de acordo com a leitura concretizada no capítulo 3). Pertinente será também incluir na nossa observação as perceções e representações das consumidoras e dos consumidores (incluindo-os também no grupo de pessoas a entrevistar) (veja-se e.g Gimlin, 1996; Kang, 2003). Reconhecemos, assim, a importância de atendermos mais pormenorizadamente aos entrosamentos possíveis com a sociologia do consumo. É verdade que o necessário esforço de síntese levou-nos a selecionar a produção teórica sobre *trabalho estético* (v. capítulo 1), não tendo integrado as teorias sociológicas sobre o corpo (e.g. Shilling, 1993; Williams e Bendelow, 1998; Wolkowitz, 2002, 2006). Todavia, futuramente, importa trabalhar no sentido de uma maior integração das abordagens que perspetivam o corpo enquanto objeto de consumo, onde as normas sociais (e/ou organizacionais) são inscritas (cf., Ferreira, V., 2003: 34).

A centralidade que a sociologia do trabalho e do emprego tem vindo a conferir ao *trabalho emocional* (Hochschild, 1983) e ao *trabalho estético* (Warhurst *et al.*, 2000) permitiu-nos reorientar as lentes de análise para uma realidade particularmente relevante no contexto das transformações socioeconómicas e laborais mais recentes. Todavia, a dualidade entre ambas as dimensões apresenta-se frágil, sugerindo que há afinamentos por fazer no plano da conceptualização e da exploração destas temáticas. Como aqui observado, são também ténues as fronteiras em relação a outros fenómenos observados – como é o caso do trabalho erotizado e do trabalho de entretenimento. Trata-se de mais um vetor que deve orientar-nos na investigação empírica e na aspiração de contribuir para o aprofundamento da problematização teórica existente. Em síntese, não obstante os estudos já realizados sobre os serviços interpessoais, a realidade aqui observada, na sua complexidade e multidimensionalidade, encontra-se pouco desenvolvida tanto do ponto de vista teórico como empírico. Da nossa parte, insistiremos no esforço de perscrutar as novas facetas do mundo do trabalho, sem nunca perder de vista as condições estruturantes das desigualdades de género. Um desafio de quem reconhece o longo itinerário ainda por percorrer...

SARA FALCÃO CASACA

Referências bibliográficas

ABBOTT, Pamela e WALLACE, Claire (1997), *An Introducing to Sociology – Feminist Perspectives,* London: Routledge.

ABBOTT, Pamela (2000), "Gender", *in* Payne, Geoff, *Social Divisions,* London: Macmillan Press, pp: 55-90.

ABIALA, Kristina (1999), "Customer orientation and sales situations: variations in interactive service work", *Acta Sociologica,* Scandinavian Sociological Association, 42: 207-222.

ACKER, Joan (1990) "Hierarchies, jobs, bodies: a theory of gendered organizations", *Gender and Society,* 4(2): 139-158.

ACKER, Joan (1999), *Gender and organizations",* in Chafetz, Janet S (ed.). *Handbook of the Sociology of Gender,* New York: Kluwer Academic/Plenum Publishers, pp: 177-194.

ADKINS, Lisa e LURY, Celia (1999): The labour of identity: performing identities, performing economies, *Economy and Society,* 28:4, 598-614

AGLIETTA, Michel e BENDER, Anton (1984), *Les Métamorphoses de la Société Salariale,* Calmann-Levy.

ALBROW, Martin (1997), *Do Organizations Have Feelings?* London: Routledge.

ALMEIDA, Ana Nunes (1986), "Entre o dizer e o fazer: a construção da identidade feminina", *Análise Social,* Vol. XXII (92-93): 493-520.

AMÂNCIO, Lígia, (1991), "Assédio sexual no local de trabalho – Crime ou 'Castigo'?", *Organizações e Trabalho,* 5/6: 75-88.

AMÂNCIO, Lígia, (1992), "As assimetrias nas representações do género", *Revista Crítica de Ciências Sociais,* 34: 9-22.

AMÂNCIO, Lígia, (1993), "Género, representações e identidades", *Sociologia – Problemas e Práticas,* 14: 127-140.

AMÂNCIO, Lígia (1994), *Masculino e Feminino. A construção Social da Diferença,* Porto: Afrontamento.

AMÂNCIO, Lígia (2002), "O género na psicologia social em Portugal: perspectivas actuais e desenvolvimentos futuros, *ExAequo,* APEM: 55-75.

AMÂNCIO, Lígia e LIMA, Maria Luísa Pedroso (1994), *Assédio Sexual no Mercado de Trabalho,* Lisboa, MESS/CITE.

126 | Trabalho Emocional e Trabalho Estético: Na Economia dos Serviços

ANDRÉ, Isabel Margarida (1999), "Igualdade de oportunidades: um longo percurso até chegar ao mercado de trabalho", *Sociedade e Trabalho*, 6: 89-99.

ANKER, Richard (1997), "Theories of occupational segregation by sex: an overview", *International Labour Review*, ILO, 136(3), s/p. http://www.ilo.org/public/english/180revue/articles/ank97-3.htm (acedido em 5/6/2006).

ASFORTH, Blake E. e HUMPHREY, Ronald H. (1993), "Emotional labor in service roles: the influence of identity", *The Academy of Management Review*, 18(1): 88-115.

ASHFORTH, Blake E. e HUMPHREY, Ronald H. (1995), "Emotion in the Workplace: A Reappraisal', *Human Relations* 48(2): 97–125.

BAIN, Peter e TAYLOR, Phil (2000), "Entrapped by the 'electronic panopticon'? Worker resistance in the call centre", *New Technology, Work and Employment*, 15(1): 2-18.

BASS, Bernard; AVOLIO, Bruce J. e ATWATER, Leanne (1996), "The transformational and transactional leadership of men and women", *Applied Psychology: An International Review*, 45, 5-34

BAUDRILLARD, Jean (1995), *A Sociedade de Consumo*, Lisboa: Edições 70.

BAUMAN, Zygmunt (1998), *Work, Consumerism and the New Poor*. Buckingham: Open University Press.

BEECHEY, Veronica (1979), "On patriarchy", *Feminist Review*: 66-81.

BELL, Daniel (1977), *O Advento da Sociedade Pós-industrial*, São Paulo, Cultrix.

BELT, Vicki; RICHARDSON, Ranald e WEBSTER, Juliet (2002), "Women, social skill and interactive service work in telephone call centres", *New Technology, Work and Employment*, 17(1): 20-34.

BLACK, Paula e SHARMA, Ursula (2001), "Men are real, women are 'made up': Beauty therapy and the construction of femininity" *The Sociological Review*, 49 (1): 100-116

BLYTON, Paul e TURNBULL, Peter (1992), "HRM: Debates, Dilemmas and Contradictions", *in* Blyton, Paul e Turnbull, Peter (eds.), *Reassessing Human Resource Management*, London: Sage Publications, pp: 1-15.

BOLTON, Sharon C. (2005), *Emotion Management in the Workplace Management*, New York: Palgrave Macmillan.

BOLTON, Sharon C. (2006), "Una tipología de la emoción en el lugar de trabajo", *Sociología del Trabajo*, nº 57: 3-29.

BOLTON, Sharon C. e Boyd, Carol (2003), "Trolley Dolly or Skilled Emotion Manager? Moving on from Hochschild's Managed Heart", *Work, Employment and Society*, 17(2): 289-308.

BONO, Andrea del (2000), "Call centres, el trabajo del futuro?", *Sociología del Trabajo*, 39:3-31.

BONO, Andrea del (2005), "Call centers, estrategias de flexibilidad y nuevas experiencias laborales", *in* Castillo, Juan J. (org.), *El Trabajo Recobrado – Una evaluación del trabajo realmente existente en España*, Madrid: Miño-y-Dávila-editores, pp: 347-394.

Bourdieu, Pierre (1999), *A Dominação Masculina*, Oeiras: Celta Editora.

Bove, Liliana L. e Johnson, Lester W. (2000), "A Customer-Service Worker Relationship Model", *International Journal of Service Industry Management*, 11(5): 491-511.

Boyd, Carol e Bain, Peter (1997), "'Once I get you up there, where the air is rarified", *New Technology Work and Employment*, 13(1): 16-28.

Bradley, Harriet (1998), "Feminization, equal opportunities and gender segregation", *in* Ferreira, Virgínia, Tavares, Teresa e Portugal Sílvia (orgs.), *Shifting Bonds, Shifting Bounds – Women, Mobility and Citizenship in Europe*, Oeiras: Celta Editora, pp: 281-290.

Bradley, Harriet (2000 [1996]), *Fractured Identities*, Cambridge: Polity Press.

Braverman, Harry (1977, [1974]), *Trabalho e Capital Monopolista – A Degradação do Trabalho no Século XX*, Rio de Janeiro, Zahar Editores.

Britton, Dana M. (2000), "The epistemology of gender organization", *Gender & Society*, 14(3): 418-434.

Bruegel, Irene (1979), "Women a reserve army of labour: a note on recent British experience", *Feminist Review*: 12-23.

Bryman, Alan (2009), "The disneyization of society", *in* Korczynski, Marek e Macdonald, Cameron L. (eds.), *Service Work, Critical Perspectives*, London: Routledge, pp: 53-72.

Burawoy, Michael (1979), *Manufacturing Consent*, London: The Univervisty Press.

Burchell, Brendan e Rubery, Jill (1994), "Divided women: labour market segmentation and gender segregation", *in* Scott, Alison MacEwen (ed.), *Gender Segregation and Social Change – Men and women in changing labour markets*, Oxford: Oxford University Press, pp: 80-119.

Burrell, Gibson e Hearn, Jeff (1990), "The sexuality of organisation" *in* Hearn. Jeff; Sheppard, Deborah; Tancred-Sheriff, Peta; e Burrell, Gibson (eds), *The Sexuality of Organization*, London: Sage Publications.

Buscatto, Mario (2002), " Les centres d´appels, usines modernes? Les rationalisations of telephonic relations ", *Sociologie du Travail*, 44: 99-117.

Butler, Judith (1990), "Gender trouble, feminist theory, and psychoanalytic discourse", *in* Nicholson, Linda J. (ed.), *Feminism/Postmodernism*, London: Routledge, pp: 324-348.

Butler, Judith (1993), *Butler Bodies that Matter: On the Discursive Limits of 'Sex'*, London: Routledge.

Callaghan, George e Thompson, Paul (2002), "We recruit attitudes: the selection and shaping of routine call centre labour", *Journal of Management Studies*, 39 (2): 233-254.

128 | Trabalho Emocional e Trabalho Estético: Na Economia dos Serviços

CARDOSO, Gustavo; COSTA, A. Firmino; CONCEIÇÃO, Cristina P.; GOMES, Maria C. (2005), *A Sociedade em Rede em Portugal,* Lisboa: Campo das Letras.

CARNOY, Martin (2000), *Sustaining the New Economy – Work, Family and Community in the Information Age,* New York: Russell Safe Foundation

CARR, Adrian e HANCOCK, Philip (2009), *Work and Organizations: The Aesthetic Dimension,* USA. ISCE Publishing.

CASACA, Sara Falcão (1995), "A socialização dos indivíduos e a ideologia empresarial ", *Organizações e Trabalho,* APSIOT, 14: 83-94.

CASACA, Sara Falcão (2005), *Flexibilidade de Emprego, Novas Temporalidades de Trabalho e Relações de Género – A reconfiguração da desigualdade nos novos sectores dos serviços,* Dissertação de Doutoramento, ISEG-UTL.

CASACA, Sara Falcão (2006a), "La segregación sexual en el sector de las tecnologías de información y comunicación (TIC) – observando el caso de Portugal", *Sociología del Trabajo,* 57: 95-130.

CASACA, Sara Falcão (2006b) "Flexibilidade, precariedade e relações de género nos novos sectores dos serviços", *in* Piccinini, Valmiria; Holzmann, Lorena, Kovács, Ilona; e Guimarães, Valeska (orgs.), *O Mosaico do Trabalho na Sociedade Contemporânea: Persistências e Inovações,* Editora da Universidade Federal do Rio Grande do Sul EDITORA/UFRGS, pp. 47-69.

CASACA, Sara Falcão (2006c), "Behind smiles and pleasantness: precarious jobs as female jobs in high-customer oriented services". Comunicação apresentada à Conferência Interina da Research Network RN14 "Gender Relations in the Labour Market and the welfare State", da ESA (European Sociological Association), *Gender (in)equality in the European Labour Market,* ISEG, Lisboa.

CASACA, Sara Falcão (2010) "As desigualdades de género em tempos de crise: um contributo para a reflexão sobre as implicações da vulnerabilidade laboral", *Sociedade e Trabalho,* MTSS, 41: 183-204.

CASACA, Sara Falcão (2011), "Profissões nos novos serviços interpessoais: trabalho emocional e estético", comunicação apresentada ao I Encontro Internacional *Secção Trabalho, Organizações e Profissões,* APS, Faculdade de Letras da Universidade do Porto.

CASACA, Sara Falcão (2012a/ no prelo), "Behind smiles and pleasantness: working in the interactive service sector in Portugal", *International Journal of Work Organization and Emotion.*

CASACA, Sara Falcão (org.); Abrantes, Manuel; Bould, Sally; Chagas Lopes, Margarida; Costa, Hermes, Estanque, Elísio; Kovács, Ilona; Peixoto, João (2012b/ no prelo), *Mudanças Laborais e Relações de Género – Novos Vetores de (Des) Igualdade,* Fundação Económicas/Almedina.

CASACA, Sara Falcão e CHAGAS LOPES, Margarida (2009), "Gender matters in scientific and technological fields: time as a biased resource", *Working Paper SOCIUS, nº 6/2009, ISEG-UTL.*

Referências Bibliográficas | 129

CASTEL, Robert, (1995), *Les Métamorphoses de la Question Sociale. Une Chronique du Salariat*, Paris: Fayard.

CASTELLS, Manuel (2000 [1996]), *The Rise of the Network Society*, Oxford: Blackwell.

CAVENDISH, Ruth (1982), *Women on the Line*, London: Routledge & Kegan Paul.

CHAFETZ, Janet S. (1999), "The varieties of gender theory in Sociology", *in Handbook of the Sociology of Gender*, New York: Kluwer Academic/Plenum Publishers, pp: 3-23.

CIG (2010), *Igualdade de Género em Portugal em 2009*.

CIG (2011), *Igualdade de Género em Portugal em 2010*.

CITE (2010), *Relatório sobre o Progresso da Igualdade entre Mulheres e Homens no Trabalho, no Emprego e na Formação Profissional no ano de 2009*.

CITE (2011), *Relatório sobre o Progresso da Igualdade entre Mulheres e Homens no Trabalho, no Emprego e na Formação Profissional no ano de 2010*.

COCKBURN, Cynthia (1986), "Women and technology: opportunity is not enough", *in* Purcell, Kate; Wood, Stephen; Waton, Alan; e Allen, Scheila (eds.), *The Changing Experience of Employment – Restructuring and Recession*, London: MacMillan, pp: 173-187.

COCKBURN, Cynthia (1991), *In the Way of Women – Men's Resistance to Sex Equality in Organizations*, London: MacMillan.

COLLINSON, David; KNIGHTS, David; e COLLINSON, Margaret (1990), *Managing to Discriminate*, London: Routeldge.

COLLINSON, Margaret e Collinson, David L. (1996), "It's only Dick: the sexual harassment of women managers in insurance", *Work, Employment and Society*, 10(1): 29-56.

CONNELL, R.W. (1987), *Gender and Power*, California: Stanford University Press.

CONNELL, R.W. (2002), *Gender*, Cambridge: Polity Press.

CROMPTON, Rosemary e Harris, Fiona (1998), "Explaining women's employment patterns: 'orientations to work' revisited", *The British Journal of Sociology*, 49(1), pp: 118-136.

CROMPTON, Rosemary (1999), *Restructuring Gender Relations and Employment – The Decline of the Male Breadwinner*, Oxford, University Press.

CROMPTON, Rosemary (2001 [1998]), *Class and Stratification – An Introduction to Current Debates*, Oxford: Blackwell Publishers Ltd, 2ª ed.

CROZIER, Michel e FRIEDBERG, Erhard (1977), *L'Acteur et le Système. Les Contraintes de l' Action Collective*, Paris: Éditions du Seuil.

DEAN, Deborah (2005), "Recruiting a self: women performers and aesthetic labour", *Work, Employment and Society*, 19(4): 761-774.

DELPHY, Christine (1977), *The Main Enemy*. London: Women's Research and Resources Centre.

130 | Trabalho Emocional e Trabalho Estético: Na Economia dos Serviços

DIEFENDORFF, James M.; Croyle, Meredith H.; Gosserand, Robin H. (2005), "The dimensionality and antecedents of emotional labor strategies", *Journal of Vocational Behavior*, Elsevier, 66: 339–357.

DUBET, F. (2006), *Injustices. L'experience des Inégalités au Travail*, Paris: Seuil

du Gay, Paul e Salaman, Graeme (1992), "The culture of the consumer", *Journal of Management Studies*, 29(5): 615-633.

DWYER, Angela E. (2004), "Disrupting the 'ravages of lookism': Observations of female model bodies", *in* Richmond, Katy, "Proceedings Revisioning Institutions: Change in the 21st Century", The Annual Conference of The Australian Sociological Association, Beechworth.

EAGLY, Alice H., Johannesen-Schmidt, Mary C., e van Engen, Marloes L. (2003), "Transformational, transactional, and laissez-faire leadership styles: A meta-analysis comparing women and men", *Psychological Bulletin*, 129: 569–591.

EC (European Commission) (2009), *Report on Equality between Women and Men*, Directorate-General for Employment, Social Affairs and Equal Opportunities.

EC (European Commission) (2010a), *Employment in Europe 2010*, Luxembourg: Publications Office of the European Union.

EC (European Commission) (2010b), *Indicators for Monitoring the Employment Guidelines- including indicators for additional employment analysis 2010 compendium*, DG Employment, Social affairs and Equal opportunities

EDWARDS, Richard (1979), *Contested Terrain*, New York: Basic Books.

EHRENREICH, Barbara (2003), *Nickel and Dimed*, Metropolitan Books.

ELGER, Tony (1982), "Braverman, Capital and Deskilling", *in* Wood, Stephen (ed.), *The Degradation of Work ?*, London: Hutchinson, pp: 46-53.

EVANS, Mary (1997), *Introducing Contemporary Feminist Thought*, Cambridge: Polity Press.

FERNIE, Sue e METCALF, David (1998), "(Not) hanging on the telephone: Payment systems in the new sweatshops", *CEP Discussion Paper*, N. 390: 1-41.

FERREIRA, José Maria; NEVES, José; CAETANO, António (orgs.) (2001), *Psicossociologia das Organizações*, Lisboa: Editora McGraw-Hill.

FERREIRA, Virgínia (1993), "Padrões de segregação das mulheres no emprego: Uma análise do caso português", *in* Santos, B.S. (org), *Portugal: Um Retrato Singular*, Porto, Edições Afrontamento, pp: 232-257.

FERREIRA, Virgínia (1996), "Mujer y trabajo. La división sexuel del trabajo en el análisis sociológico: de natural a socialmente construida", *in* García de Leon, Maria Antonia; García de Cortázar, Marisa; Ortega, Felix, (orgs.)., *Sociología de las Mujeres Espanolas*, Madrid: Complutense, pp: 93-119.

FERREIRA, Virgínia (1999a), "Os paradoxos da situação das mulheres em Portugal", *Revista Crítica de Ciências Sociais*, CES: 199-227.

Referências Bibliográficas | 131

Ferreira, Virgínia (1999b), "A segregação sexual no mercado de trabalho – perspectivas teóricas e políticas, *Sociedade e Trabalho*, 6: 39-56.

Ferreira, Virgínia (2003), *Relações de Sexo e Segregação do Emprego – Uma Análise da Feminização dos Escritórios em Portugal*, Dissertação de Doutoramento em Sociologia, Faculdade de Economia, Universidade de Coimbra.

Ferreira, Virgínia (2010), "A evolução das desigualdades entre salários masculinos e femininos: um percurso irregular", *in* Ferreira, Virgínia (org.), *A Igualdade de Mulheres e Homens no Trabalho e no Emprego em Portugal – Políticas e Circunstâncias*, Lisboa: CITE, pp: 139-190.

Ferreira, Vítor S. (2008), "Os ofícios de marcar o corpo – a realização profissional de um processo identitário", *Sociologia – Problemas e Práticas*, 58: 71-108.

Philips, Anne e Taylor, Barbara (1980), "Sex and skill: notes towards a feminist economics", *Feminist Review*, 6: 79-88.

Filby, Mike P. (1992), "`The Figures, the Personality and the Bums': Service Work and Sexuality", *Work, Employment and Society*, 6(1): 23-42.

Fineman, Stephen (2003), *Understanding Emotion at Work*, London: Sage Publications.

Fineman, Stephen (2008), "Introducing the emotional organization", *in* Fineman, Stephen (org.), *The Emotional Organization- Passion and Power*, Oxford: Blackwell, pp: 1-11.

Fitoussi, Jean-Paul y Rosenvallon, Pierre (1997), *Nova Era das Desigualdades*, Celta, Oeiras.

Flax, Jane (1987), "Postmodernism and gender relations in feminist theory", *Signs: Journal of Women in Culture and Society*, 12(4): 621-643.

Forseth, Ulla (2005), "Gender matters? Exploring how gender is negotiated in service encounters", *Gender, Work & Organization*, 12(5): 440-459.

Fortuna, Carlos (2002), *Cultura, Corpo e Comércio*, Lisboa, Observatório do Comércio.

Foucault, Michel (1994 [1976]), *História da Sexualidade*, Vol I. Lisboa: Edições 70.

Foucault, Michel (1998), *As Palavras e as Coisas*, Lisboa: Edições 70.

Fox, Alan (1966), "Managerial ideology and labour relations", *British Journal of Industrial Relations*, 4: 366-378.

Frattura, L. (2004), "The skill of living – local welfare, work placement and citizenship inclusion practices", http://www.aice2004.comune.genova.it/pdf/249-07.pdf, (acedido em dezembro de 2009).

Freire, João (2001), *Sociologia do Trabalho. Uma introdução*, Porto: Edições Afrontamento.

Frenkel, Stephen J.; Tam, May; Korczynski, Marek; Shire, Karen (1998), "Beyond bureaucracy? Work organization in call centres", *The International Journal of Human Resource Management*, 9(6): 957-979.

132 | Trabalho Emocional e Trabalho Estético: Na Economia dos Serviços

GALLIE, Duncan e PURCELL, Kate (eds.) (1996), *Changing Forms of Employment – Organisations, Skills and Gender*, London: Routledge.

GERSHUNY, Jonathan (2000), *Changing Times – Work and Leisure in Postindustrial Society*, Oxford: University Press.

GIDDENS, Anthony (1995, [1990]), *As Consequências da Modernidade*, Oeiras: Celta Editora.

GIDDENS, Anthony (2000), "Viver numa sociedade pós-tradicional", *in* Beck, Ulrich; Giddens, Anthony e Lash, Scott (orgs.), *Modernização Reflexiva – Política, Tradição e Estética no Mundo Moderno*, Oeiras: Celta Editora, pp: 53-104.

GIMLIN, Debra (1996), "Pamela's place: power and negotiation in the hair salon", *Gender & Society*, 10(5): 505-526.

GOFFMAN, Erving (2002 [1977]), *L'Arrangement des Sexes*, Paris: La Dispute.

GOLDFINGER, Charles (1998), *Travail et Hors-Travail – Vers une Societé Fluide*, Paris: Éditions Odile Jacob.

GOLEMAN, Daniel (1995), *Emotional intelligence*, New York: Bantam Books.

GONZÁLEZ, Maria do Pilar (2002), "Género e economia", *Ex Aequo*, APEM: 91-116.

HAMAN, Mary e PUTNAM, Linda L. (2008), "The recreation center. In the gym: peer pressure and emotional management among co-workers", *in* Fineman, Stephen (org.), *The Emotional Organization- Passion and Power*, Oxford: Blackwell, pp: 61-73.

HANCOCK, Philip e TYLER, Melissa (2008), "It's all too beautiful: emotion and organization in the aesthetic economy", *in* Fineman, Stephen (org.), *The Emotional Organization- Passion and Power*, Oxford: Blackwell, pp: 202-217.

HARTMANN, Heidi (1979), "The unhappy marriage of Marxism and feminism – Towards a more progressive union, *Capital and Class*: 1-33.

HIRATA, Helena e KERGOAT, Danièle (1998), "La division sexuelle du travail revisitée", *in* Maruani, Margaret (org.), *Les Nouvelles Frontières de L'Inégalité – Hommes et Femmes sur le Marché du Travail*, Paris: La Découvert, pp: 93-104.

HOCHSCHILD, Arlie Russell (1979), "Emotion work, feeling rules and social structure", *American Journal of Sociology*, 85: 551-575.

HOCHSCHILD, Arlie Russell (1983), *The Managed Heart: Commercialization of Human Feelings*, Berkeley: University California Press.

HOFSTEDE, Geert (1991), *Cultures and Organizations: Software of the Mind: Intercultural Cooperation and its Importance for Survival*, New York, McGraw-Hill.

INE (2011), *Estatísticas do Emprego 2010*.

JACKSON, Stevi e SCOTT, Sue (eds.) (2002), *A Sociological Reader*, London: Routledge.

JENSON, Jane (1998), "The Talents of women, the skills of men: flexible specilization and women", *in* Wood, Stephen (ed.), *The Transformation of Work? – Skill, Flexibility and the Labour Process*, London: Routledge, pp: 141-155.

JOAQUIM, Teresa (1997), *Menina e Moça, A Construção Social da Feminilidade*, Lisboa: Fim de Século.

Referências Bibliográficas | 133

Johnson, Bradford C.; Manyika, James M.; Yee, Lareina A. (2005), "The next revolution in interactions", *McKinsey Quarlerly*, nº 4: 20-33.

Junor, Anne; Hampson, Ian e Barnes, Alison (2008), "Beyond emotion: interactive service work and the skills of women", *Work, Organisation and Emotion*, 2(4): 358-373.

Kang, Miliann (2003), "The managed hand: the commercialization of bodies and emotions in Korean immigrant-owned salons", *Gender & Society*, 17(6): 820-839.

Kanter, Rosabeth Moss (2003 [1977]), "Men and women in corporation", *in* Ely, Robin J.; Foldy, Erica G.; Scully, Maureen (eds.), *Reader in Gender, Work and Organization*, Blackwell Publishing, pp: 34-48.

Kerfoot, Deborah e Korczynski, Marek (2005), "Gender and service: new directions for the study of 'front-line' service work", *Gender, Work & Organization*, 12(5): 387-399.

Korczynski, Marek (2003), "Communities of coping: collective emotional labour in service work", *Organization*, 10,1: 55–79.

Korczynski, Marek (2005), "Skills in service work: an overview", *Human Resource Management Journal*, 15(2): 2-14.

Korczynski, Marek (2009), "Understanding the contradictory lives experience of service work: the customer-oriented bureaucracy", *in* Korczynski, Marek e Macdonald, Cameron Lynne (eds.) *Service Work: Critical Perspectives*, New York: Routledge, pp: 73-90.

Korczynski, Marek e Macdonald, Cameron Lynne (2009), (eds.), *Service Work, Critical Perspectives*, London: Routledge, pp: 1-10.

Kovács, Ilona (2003), "Perspectivas sobre as mudanças no emprego", *Perspectiva*, Florianópolis, 21(2): 467-494.

Kovács, Ilona (org.); Phizacklea, Annie; Castillo, José J.; Cerdeira, M. Conceição; Casaca, Sara Falcão, (2005), *Flexibilidade de Emprego: Riscos e Oportunidades*, Celta Editora.

Kovács, Ilona (2006), "Novas Formas de Organização do Trabalho e Autonomia no Trabalho", *Sociologia, Problemas e Práticas*, 52: 41-65.

Kovács, Ilona e Castillo, Juan (1998), José, *Novos Modelos de Produção. Trabalho e Pessoas*. Oeiras : Celta Editora.

Kovács, Ilona e Moniz, António Brandão (coord.) (2001), *Sociedade da Informação e Emprego, Caderno de Emprego*, n.º 28, Direcção-Geral do Emprego e Formação Profissional, Ministério do Trabalho e da Solidariedade.

Kovács, Ilona e Casaca, Sara Falcão (2007), "Flexibilidad y desigualdad en el trabajo: tendencias y alternativas europeas", Sociología del Trabajo, 61: 99-124.

134 | Trabalho Emocional e Trabalho Estético: Na Economia dos Serviços

KOVÁCS, Ilona e CASACA, Sara Falcão (2008), "Labour segmentation and employment diversity in the ICT service sector in Portugal", *European Societies*, Routledge, Taylor & Francis Group, 10(3): 429-451.

KUPERS, Wendelin e WEIBLER, Jurgen (2008), "Emotions in organisations: an integral perspective", *International Journal of Work, Organisation and Emotions*, 2 (3): 256-287.

LASH, Scott e URRY, John (1994a), *The End of Organized Capitalism*, Oxford: Basil Blackwell.

LASH, Scott e URRY, John (1994b), *Economies of Signs and Space*, London: Sage Publications

LEIDNER, Robin (1991), "Serving hamburgers and selling insurance", *Gender & Society*, 5, 2:154–77.

LEIDNER, Robin (1993), *Fast Food, Fast Talk: Service Work and the Routinization of Everyday Life*. Berkeley: University of California Press.

LIPOVETSKY, Gilles (1989 [1983]), *A Era do Vazio*, Lisboa: Editora Relógio D'Água.

LIPOVESTKY, Gilles (1997), *La Trisième Femme – Permanence et révolution du féminin*, Paris: Gallimard.

LOVELL, Terry (2000), "Thinking feminism with and against Bourdieu", *Feminist Theory*, 1 (1): 11-32.

MACDONALD, Cameron Lynne e SIRIANNI, Carmen (1996), *Working in the Service Society*, Philadelphia, PA: Temple University Press.

MACDONALD, Cameron Lynne e MERRILL, David (2009), "Intersectionality in the emotional proletariat: a new lens on employment discrimination in service work", *in* Korczynski, Marek e Macdonald, Cameron Lynne (eds.), *Service Work: Critical Perspectives*, New York: Routledge, pp: 113-133.

MACHADO, Fernando Luís e COSTA, António Firmino (1998), "Processos de uma modernidade inacabada. Mudanças estruturais e mobilidade social", *in* Viegas, José Manuel Leite e Costa, António Firmino (eds.), *Portugal, Que Modernidade?*, Oeiras: Celta Editora, pp:17-44.

MAGALHÃES, Maria José (1998), *Movimento Feminista e Educação – Portugal, décadas de 70 e 80*, Celta: Oeiras.

MANWARING, Tony e WOOD, Stephen (1985), "The Ghost in the Labour Process", *in* Knights, David; Willmott, Hugh; Collinson, David (eds.), *Job Redesign: Critical Perspectives on the Labour Process*, Aldershot: Gower, pp: 171-196.

McDOWELL, Linda e PRINGLE, Rosemary (1992), *Defining Women – Social Institutions and Gender Divisions*, London: Polity Press

MILLS, C. Wright (1956), *White Collar*, New York: Oxford University Press.

MORRIS, J. Andrew e FELDMAN, Daniel C. (1996), "The dimensions, antecedents, and consequences of emotional labor", *Academy of Management Review*, 21(4): 986-1010.

Referências Bibliográficas | 135

MULHOLLAND, Kate (2002), "Gender, emotional labour and team working in a call centre", *Personnel Review,* 31(3): 283-303.

NEWTON, Tim; Handy, J e FINEMAN, S. (1995), *Managing' Stress: Emotion and Power at Work,* London: Sage Publications.

NICKSON, Dennis e WARHURST, Chris (n/d), The New 'Labour Aristocracy? Aeschetic Labour in the Service Economy, CMS3

NICKSON, Dennis, Warhurst, Chris, Cullen, Anne Marie e Watt, Allan (2003), "Bringing in the Excluded? Aesthetic labour, skills and training in the 'new' economy", *Journal of Education and Work,* 16(2): 185-203.

NIXON, Darren (2009), "'I can't put a smiley face on': working-class masculinity, emotional labour and service work in the 'new economy', *Gender, Work & Society,* 16(3): 300-322.

NOGUEIRA, Conceição (2001), "Construcionismo social, discurso e género", *Psicologia XV, 1:* 43-65.

NOGUEIRA, Conceição (2009), "Interseccionalidade", Comunicação proferida no X Congresso Luso-Afro-Brasileiro de Ciências Sociais, Braga, Universidade do Minho.

OAKLEY, Ann (1972), *Sex, Gender and Society,* London: Temple Smith.

OECD/OCDE (2009), *Employment Outlook 2008.*

PARREÑAS, Rhacel Salazar (2001), *Servants of Globalization. Women, Migration, and Domestic Work,* Stanford, Stanford University Press

PAYNE, Jonathan (2009), "Emotional labour and skill: a reappraisal", *Gender, Work & Organization,* 16(3): 348-367.

PEIXOTO, João; Casaca, SARA FALCÃO; Figueiredo, ALEXANDRA; Gonçalves, MARISA; Floriano, Aurélio; Sabino, Catarina; Chagas Lopes, Margarida; Perista, Heloísa; PERISTA, Pedro; PHIZACKLEA, Annie (2006), *Mulheres Migrantes: Percursos Laborais e Modos de Inserção Socioeconómica das Imigrantes em Portugal,* Lisboa, SOCIUS/ISEG.

PERISTA, Heloísa e CHAGAS LOPES, Margarida (1996), *Tendências e Perspectivas para o Emprego Feminino nos Anos 90,* Relatório Final, Rede de Peritos sobre a Posição das Mulheres no Mercado de Trabalho, CISEP-ISEG.

PETTINGER, Lynne (2004), "Brand culture and branded workers: service work and aesthetic labour in fashion retail", *Consumption, Markets and Culture,* 7(2): 165-184.

PETTINGER, Lynne (2005), "Gendered work meets gendered goods: selling and service in clothing retail", *Gender, Work & Organization,* 12(5): 460-478.

PHIZACKLEA, Annie e WOLKOWITZ, Carol (1995), *Homeworking Women, Gender, Racism and Class at Work,* London: Sage Publications.

POLLERT, Anna (1981), *Girls, Wives, Factory Lives,* London: The Macmillan Press.

PRINGLE, Rosemary (1989), *Secretaries Talk: Sexuality, Power and Work.* New York: Verso.

136 | Trabalho Emocional e Trabalho Estético: Na Economia dos Serviços

Rafaeli, Anat e Sutton, Robert (1987), "Expression of emotion as part of the work role", *Academy of Management Review*, 12(1): 23-37.

Rafaeli, Anat (1989), "When cashiers meet customers: an analysis of the role of supermarket cashiers", *Academy of Management Journal*, 32(2): 245-273.

Reed, Michael (1992), *The sociology of Organizations – Themes, Perspectives and Prospects*, London: Harvester/Wheatsheaf

Reich, Robert (1992), *The Work of Nations, Preparing ourselves for 21st century capitalism*. NY,

Ritzer, George e Lair, Graig D. (2009), "The globalization of nothing and the outsourcing of service work", *in* Korczynski, Marek e Macdonald, Cameron Lynne (eds.), *Service Work, Critical Perspectives*, London: Routledge, pp: 31-51.

Rubery, Jill; Smith, Mark; Fagan, Colette (1999), *Women's Employment in Europe*, London: Routledge.

Sainsaulieu, Reynaud (1987), "Para uma Teoria Sociológica da Empresa", *Sociologia – Problemas e Práticas*, 3: 199-215.

Santos, Gina Gaio (2010), "Gestão, trabalho e relações sociais de género", *in* Ferreira, Virgínia (org), *A Igualdade de Mulheres e Homens no Trabalho e no Emprego em Portugal – Políticas e Circunstâncias*, Lisboa: CITE, pp: 99-138.

Santos, Maria João e Marques, Ana Paula (2006), "O caso dos *call centeres* – organização do trabalho e atitudes face ao trabalho e emprego", *Sociologia Problemas e Práticas*, 52: 67-86.

Sayers, Janet e Monin, Nanette (2009), "Chaplin's modern times: service work, authenticity and nonsense at the Red Moon Café", *in* Korczynski, Marek e Macdonald, Cameron L. (eds.), *Service Work, Critical Perspectives*, London: Routledge, pp: 11-29.

Scott, Joan W. (1992), "Deconstructing equality-versus-difference: or, the uses of post-structuralist theory for feminism", *in* McDowell, Linda e Pringle, Rosemary (eds.), *Defining Women – Social Institutions and Gender Divisions*, London: Polity Press, pp: 253-264.

Shilling, Chris (1993), *The Body and Social Theory*, London: Sage Publications.

Shouten, Maria Johanna (2011), *Uma Sociologia de Género*, Universidade do Minho, Centro de Investigação em Ciências Sociais, Coleção Debater o Social/07.

Silva, Manuela (1983), *O Emprego das Mulheres em Portugal – A 'mão Invisível' na discriminação sexual no emprego*, Porto, Afrontamento.

Sloan, Melissa M. (2008), "Emotion management and workplace status: consequences for well-being", *International Journal of Work, Organisation and Emotion*, 2(3): 236-255.

SNPVAC (Sindicato Nacional do Pessoal de Voo da Aviação Civil) (2006). Por uma política de saúde para os tripulantes de cabine *in Segurança, Higiene e Saúde na Profissão de Tripulantes de Cabine*. Lisboa: SNPVAC.

SUTTON, Robert I. e RAFAELI, Anat (1988), "Untangling the relationship between displayed emotions and organizational sales: the case of convenience stores", *Academy of Management Journal*, 31(3): 461-487.

TAVARES, Manuela (2010), *Feminismos – Percursos e Desafios (1947-2007)*, Texto Editores.

TAYLOR, Phil e BAIN, Peter (1999), "'An assembly line in the head': work and employee relations in the call-centre", *Industrial Relations Journal*, 30(2): 101-117.

TAYLOR, Steve e TYLER, Melissa (2000), "Emotional labour and sexual difference in the airline industry", *Work, Employment and Society*, 14(1): 77-95.

THOMPSON, Paul (1989), *The Nature of Work – An Introduction to Debates on the Labour Process*, London: MacMillan.

TOLICH, Martin B. (1993), "Alienating and liberating emotions at work: supermarket clerks: performance of customer service", *Journal of Contemporary Ethnography*, 22: 361: 381.

TYLER, Melissa e ABBOTT, Pamela (1998), "Chocs Away: Weight Watching in the Contemporary Airline Industry", *Sociology*, 32(3): 433-450.

TYLER, Melissa e TAYLOR, Steve (1998), "The exchange of aesthetic: women's work and the 'gift'", *Gender, Work & Organization*, 5(3): 165-171.

VALE DE ALMEIDA, Miguel (2000), *Senhores de Si, Uma Interpretação Antropológica da Masculinidade*, Lisboa: Fim de Século.

VAN DEN BROEK, D. (2004), 'We have the values': customers, control and corporate ideology in call centre operations", *New Technology, Work and Employment*, 19(1): 2-13.

VERÍSSIMO, Jorge (2008), *O Corpo na Publicidade*, Colecção: Caminhos do Conhecimento, Edições Colibri, Lisboa.

WAJCMAN, Judy (1998), *Managing Like a Men, Women and Men in Corporate Management*, London: The Pennsylvannia State University Press/Polity Press

WALBY, Sylvia (1986), *Patriarchy at Wok – Patriarchal and Capitalist Relations in Employment*, Cambridge: Polity Press.

WALBY, Sylvia (1990), *Theorizing Patriarchy*, Oxford: Basil Blackwell.

WALBY, Sylvia (1997), *Gender Transformations*, London: Routledge.

WARHURST, Chris; NICKSON, Dennis; WITZ, Anne; CULLEN, Anne Marie (2000), "Aesthetic labour in interactive service work: some case study evidence from the 'New' Glasgow'", *The Service Industries Journal*, 20(3): 1-18.

WARHURST, Chris e NICKSON, Dennis (2009), "'Who's got the look? Emotional, aesthetic and sexualized labour in interactive services", *Gender, Work & Organization*, 16(3): 385-404.

WARHURST, Chris; THOMPSON, Paul; NICKSON, Dennis (2009), "Labor process theory: putting the materialism back into the meaning of service work", *in* Korczynski, Marek e Macdonald, Cameron L. (eds.), *Service Work – Critical Perspectives*, London: Routledge, pp: 91-112.

WATSON, Tony (2008), *Sociology, Work and Industry*, London: Routeldge, 5ª ed..

WEST, Candace e ZIMMERMAN, Don H. (1987), "Doing gender", *Gender & Society*, 1(2): 125-151.

WEST, Candance e FENSTERMAKER, Sarah (1995), "Doing Difference", *Gender & Society*,pp: 8-37.

WHARTON, Amy S. (2009), "The sociology of emotional labour", *Annual Review of Sociology*, 35: 147-165.

WILLIAMS, Claire (2003), "Sky services: the demands of emotional labour in the airline industry", *Gender, Work & Organization*, 10(5): 513-550.

WILLIAMS, Simon e BENDELOW, Gillian A. (1998), *The Lived Body. Sociological Themes, Embodied Issues*, London: Routledge.

WITZ, Anne (1999), "Women and Work".
http://www.atsweb.neu.edu/womens.studies/witz.htm
(acesso em 4/6/2006).

WITZ, Anne, WARHURST, Chris e NICKSON, Dennis (2003), "The labour of aesthetics and the aesthetics of organization", *Organization*, 10,1: 33–54.

WOLKOWITZ, Carol (2002), "The social relations of body work", *Work Employment Society*, 16: 497-510.

WOLKOWITZ, Carol (2006), *Bodies at Work*, London: Sage Publications.

WOUTERS, Cas (1989), "The sociology of emotions and flight attendants: Hochschild's managed heart", *Theory, Culture and Society*, 6: 95-123.

YOUNG, Iris Marion (1990), *Justice and the Politics of Difference*, New Jersey: Princeton University Press.

YOUNG, Iris Marion (2003), "O género como seralidade: pensar as mulheres como um colectivo social", *Ex Aequo*, APEM, 8: 113-139.